DEMAIN LA TERRE

Des mêmes auteurs dans la même collection:
Jean-Pierre Andrevon
« Des Vacances de rêve »,
nouvelle parue dans *Les Visages de l'humain* (n° 7)
Les Rebelles de Gandahar (n° 11)

Jean-Pierre Hubert
« Le Septième Clone »,
nouvelle parue dans *Graines de futurs* (n° 1)
Les Cendres de Ligna (n° 2)
« Forêts virtuelles »,
nouvelle parue dans *Les Visages de l'humain* (n° 7)
Sa Majesté des clones (n° 12)

Christophe Lambert
« Fly Me to The Moon »
nouvelle parue dans *Graines de futurs* (n° 1)
Le Souffle de Mars (n° 4)
Clone connexion (n° 10)
Souviens-toi d'Alamo ! (n° 14)

Danielle Martinigol
« Le Souffle d'Eole »,
nouvelle en collaboration avec Alain Grousset
parue dans *Graines de futurs* (n° 1)
Les Abîmes d'Autremer (n° 5)

Collection dirigée par Denis Guiot
Couverture illustrée par Philippe Munch

Participation à l'ouvrage: Chloé Chauveau
et Dominique Montembault
Mise en pages: Studio Michel Pluvinage

Loi n° 49-956 du 16 juillet 1949
sur les publications destinées à la jeunesse
Dépôt légal: janvier 2003

ISBN: 2 7404 1481-1

DEMAIN LA TERRE

Préface de
Joël de Rosnay

Anthologie dirigée
par Denis Guiot

« Tout ce qui arrive à la terre,
arrive aux fils de la terre.
Ce n'est pas l'homme
qui a tissé la trame de la vie :
il en est seulement un fil.
Tout ce qu'il fait à la trame,
il le fait à lui-même. »

(Chef indien Seattle,
déclaration de 1854)

De l'égocitoyen à l'écocitoyen : information et solidarité

Préface

Écologie et économie sont comme les deux faces d'une même médaille. Et pourtant elles sont souvent en contradiction. Le mot « écologie » (du grec oikos, *la maison, et* logos, *la science) signifie « la science de la maison ». Celui d'« économie », qui est la contraction de* oikos *et de* nomos *(la loi), désigne « la règle de gestion » de cette même maison. Nous devrions aujourd'hui contribuer à les rendre complémentaires. Or nous nous comportons le plus souvent en « égocitoyens » égoïstes, pratiquant le « chacun pour soi » plutôt qu'en « écocitoyens » solidaires, pratiquant le « chacun pour tous ».*

Multipliée par des millions, voire des milliards de personnes, la modification des habitudes individuelles de consommation d'énergie, de biens et de services peut conduire à des effets qui se font sentir à l'échelle de la planète. D'où l'importance d'une information simple donnant à chacun les bases nécessaires à la préservation de son environnement.

L'écocitoyen devra coopérer avec des associations de

consommateurs ou des organisations non gouvernementales, à partir de valeurs partagées, d'une éthique de l'environnement — que l'on pourrait appeler « écoéthique » — capable de fixer des limites aux dérives possibles des hommes. Cette attitude responsable conduit à de nouvelles priorités pour l'avenir. En voici quelques exemples liés à nos activités quotidiennes, locales ou globales :

— D'abord ralentir la croissance démographique. La Terre ne pourra pas assurer la subsistance de dizaines de milliards d'hommes.

— Promouvoir une politique énergétique équilibrée respectant les responsabilités locales dans la production et la distribution d'énergie. Une politique capable de combiner les économies, la maîtrise et l'usage rationnel de l'énergie, ainsi que le recours aux ressources renouvelables.

— Contrôler les effets environnementaux globaux en réduisant les émissions de dioxyde de carbone et en rétablissant une agriculture écologique.

— Réduire la déforestation et revaloriser les paysages.

— Promouvoir des technologies adaptées, afin d'éviter le gigantisme d'installations contrôlées par un petit nombre de responsables, ou les techniques dangereuses à long terme pour les êtres vivants.

— Lancer des grands projets pour faciliter la vie dans les villes et notamment limiter progressivement les automobiles à moteur thermique, en assurant le développement de modes de transport non polluants et silencieux.

— Réhabiliter la vie de quartier, favoriser les modes de vie associative et de responsabilisation locale, assurer le respect et la valorisation des personnes âgées.

— Et surtout, promouvoir l'écocitoyenneté planétaire pour léguer à nos enfants une Terre digne d'eux.

L'écocitoyenneté n'est pas l'apanage des adultes. Les jeunes, quel que soit leur âge, ont aussi un rôle à jouer dans le devenir de la planète. Le jeune écocitoyen doit d'abord chercher à comprendre comment fonctionne notre maison Terre (livres, magazines, émissions de télévision, sites Internet, expositions : l'information, souvent attrayante, ne manque pas) et se renseigner sur qui la dirige, du maire de la petite commune aux hommes politiques réunis au dernier sommet de Johannesburg. Puis, le jeune écocitoyen doit agir, individuellement (par exemple : en ne gaspillant pas l'eau, en préférant le vélo au scooter ou à la voiture de ses parents, en participant au sauvetage des sites menacés, etc.) et collectivement (en appartenant à un club Nature, etc.). Il peut aussi informer ses camarades de classe en faisant des exposés, convaincre ses parents d'acheter des produits issus du « commerce équitable » ou prendre rendez-vous avec le maire de sa ville pour lui demander, entre autres, pourquoi il n'y a pas de ramassage sélectif des ordures.

Car il n'est plus seulement question aujourd'hui de simple protection de la nature : il s'agit d'investir dans un « écocapital » que nous détenons en commun. Nous sommes à la fois les acteurs et les sujets de la révolution technologique. L'avenir de l'espèce humaine est entre nos mains. Nous nous situons à la charnière d'un « micromonde » qui nous détermine en partie et d'un « macromonde » sur lequel nous agissons et qui conditionne notre existence. Notre vie dépend du moléculaire et du microscopique. Mais elle dépend aussi, collectivement, de notre action sur la société humaine et l'écosystème, sur lesquels reposent, en définitive, notre développement et notre avenir.

Bien qu'elle se complaise parfois à jouer les

Cassandre, la littérature de science-fiction peut contribuer à une réelle prise de conscience. En effet, de par son fonctionnement narratif basé sur la question : « Que se passerait-il SI ? », *la SF met en scène des futurs romanesques alternatifs, souvent crédibles, qui provoquent chez le lecteur une réflexion doublée d'une émotion raisonnée, premiers pas vers la responsabilisation. Souhaitons que les nouvelles de* Demain la Terre *aident, même modestement, à la transformation de l'égocitoyen en écocitoyen.*
Car le futur n'attend pas.

Joël de Rosnay

Docteur ès sciences, ancien chercheur et enseignant au Massachusetts Institute of Technology (MIT), Joël de Rosnay est conseiller scientifique de la Cité des sciences et de l'industrie de la Villette, après en avoir été le Directeur de la prospective et de l'évaluation, de 1984 à juillet 2002. Il s'intéresse tout particulièrement aux technologies avancées et aux applications de la théorie des systèmes. Futurologue et écrivain scientifique, il a publié, entre autres, *Le Macroscope* (Seuil, 1975), *Le Cerveau planétaire* (1986, rééd. Seuil, 1988), *L'Homme symbiotique* (Seuil, 1995) et *La Plus Belle Histoire du monde* (en collaboration avec Hubert Reeves, Yves Coppens et Dominique Simonnet, Seuil, 1996).
http://www.derosnay.com

La Dernière Pluie

Jean-Pierre Andrevon

Jean-Pierre Andrevon a tout écrit, et pour tous les âges : de la science-fiction essentiellement, mais aussi du fantastique, du polar, de la littérature générale et des poèmes. Il est également chroniqueur, anthologiste, essayiste (co-auteur du Monde de la science-fiction, *1987), dessinateur, peintre, scénariste de bandes dessinées, auteur de chansons et chanteur ! Et tout cela, sans quitter l'Isère (ou presque), ce département qui l'a vu naître en 1937.*

Écologiste convaincu de la première heure, Jean-Pierre Andrevon a collaboré, dès le numéro 1 en 1973 et pendant dix ans, au mensuel contestataire La Gueule ouverte, *lancé en 1975 la fameuse série d'anthologies de science-fiction* Retour à la Terre, *publié un recueil de dessins d'humour écologique,* Attention science-fiction *(1989) et un essai,* La Nécessité écologique *(1993).*

*Inutile de le nier, Jean-Pierre Andrevon a l'inspiration volontiers catastrophiste ! On lui doit — entre autres ! — une humanité stérile qui s'éteint doucement (*Le Monde enfin, *1975), un conflit nucléaire (*Le Désert du monde, *1977) et quelques lendemains qui déchantent, entre pollutions et hyperviolence (*Paysages de mort, *1978).*

Avec La Dernière Pluie, *il décrit un nouveau déluge, dû au réchauffement climatique (appelé couramment « effet de serre »). Sortez vos cirés !*

(Une première version de cette nouvelle, sensiblement différente, est parue en 1994 chez Nathan, dans la collection « Pleine Lune ».)

« Notre Terre reçoit les radiations solaires. Mais la surface de la Terre réémet des radiations infrarouges qui, dans leur chemin vers l'espace, sont "piégées" par notre atmosphère et la réchauffent… Les responsables de ce piégeage sont certains gaz contenus en quantités infimes dans l'atmosphère : vapeur d'eau, gaz carbonique (CO^2), méthane, CFC, protoxyde d'azote sont les principaux "gaz à effet de serre".

Il est désormais *certain* que l'accroissement de CO^2, de méthane, des CFC… entraîne un réchauffement progressif de l'atmosphère, risquant de *modifier les climats* et de *relever le niveau des mers.* »

(Jacques Vernier, *L'Environnement* – coll. « Que sais-je ? », PUF, 2001)

Un modèle climatique est un logiciel qui modélise les lois qui régissent notre atmosphère. Il existe une quinzaine de modèles, qui aboutissent tous à la même conclusion : « L'homme modifie le climat dans le sens d'un réchauffement de la planète ». Parmi les premières conclusions des modèles : « Les échanges d'eau entre la Terre et l'atmosphère vont augmenter. Cela signifiera qu'il va pleuvoir plus souvent… ou plus fort (avec une augmentation du risque d'inondations dans ce dernier cas). »

(Jean-Marc Jancovici – Site www.manicore.com)

I

Papa a rapporté sept ordinateurs d'un coup. Pas vraiment du matos haut de gamme ! Il a dû les acheter chez un revendeur, ou les récupérer dans une décharge, allez savoir…

— Reste pas planté comme un épouvantail, fiston ! Viens me donner un coup de main ! crie-t-il depuis l'entrée du garage.

Un épouvantail ?

C'est plutôt lui qui a l'air d'en être un, avec son vieux chapeau dégoulinant dont les bords pendouillent autour de sa figure, son ciré rouge groseille zébré de longues traînées de boue et ses bottes vert bouteille dans lesquelles ses pantalons de velours tire-bouchonnent…

Mais c'est mon père. Je le connais depuis longtemps — je veux dire depuis toujours —, et j'ai l'habitude de ses tenues négligées, de sa barbe de trois jours, de son « allure de clodo », comme le dit parfois maman. Et puis, par les temps qui courent…

Une drôle d'expression, « les temps qui courent ». Parce que, les temps, ils ne courent plus, ils dégoulinent. *Les* temps ? Je devrais dire *le* temps, bien sûr.

Lorsque papa m'a appelé d'en bas, en donnant trois coups de trompe avec la poire antique qui sert de klaxon à son 4 x 4, j'étais devant la fenêtre de ma chambre du premier et je l'avais vu venir de loin, dans la perspective de la petite rue qui longe le mur du jardin. Il était à peine six heures du soir. J'étais revenu du collège depuis un bon moment, mais je n'avais pas encore eu le courage de me mettre au travail. Pour quoi faire ?

C'est une bonne question, ça. Pour quoi faire, avec les temps qui...

La pluie a un effet hypnotique quand on laisse son regard se perdre vers l'horizon qui commence au ras des toits gris. Toutes ces gouttes qui se transforment en barres de métal scintillant, toutes ces barres qui explosent et se fragmentent sur la terre, le bitume, l'ardoise, pour devenir des litres d'eau stagnante, des centaines, des milliers de litres d'eau envahissante... Les phares du 4 x 4 paternel incendiant la ruelle moulée dans la pénombre m'avaient tiré de ma méditation morose, et le son de la poire avait fait le reste.

J'ai passé mon ciré (le mien est jaune) et je suis descendu.

Un écran d'ordinateur, c'est lourd. J'ai eu toutes les peines du monde à transporter celui que mon père m'avait mis d'autorité dans les bras, du hayon de son 4 x 4 au garage qui lui sert d'atelier.

— Attention, bon sang de bois !

J'avais failli lâcher mon fardeau au moment où je le hissais sur un établi, dans un coin pas trop encombré par les bobines, les condensateurs, les circuits imprimés et autres ferrailles ou plastiquailles que mon père accumule. Heureusement, papa a retenu l'appareil et l'a poussé contre le mur. D'une seule main, s'il vous plaît !

Il m'a regardé du haut de son mètre quatre-vingt-cinq, un sourire goguenard plissant ses joues mangées par les poils de sa barbe. Papa est un type impressionnant, un véritable colosse. Il travaille souvent torse nu, et moi qui suis plutôt du genre poids plume pour mes quatorze ans, j'admire toujours le paquet de muscles qui jouent sur son torse dépourvu du moindre pli de graisse malgré ses quarante ans (ou quarante et un, je ne sais jamais).

Un jour, j'ai entendu une amie de Chloé susurrer avec admiration : « C'est un vrai bûcheron, ton mari. » Pourtant papa n'est pas bûcheron, il est ingénieur électronicien.

—Bon, c'est pas tout, ça ! a-t-il rugi après en avoir terminé avec le transbordement. J'ai découvert une vraie mine, une entreprise électronique abandonnée. Je n'ai qu'à me servir. Je file… Dis à Chlo que je serai de retour pour dîner…

Et le voilà reparti dans la nuit tombante. Du ciel bouché, ce ciel anthracite qui n'est qu'une absence de ciel, la pluie continue de tomber.

Comme repas du soir, maman nous a servi une salade avec des œufs durs, une purée de pommes de terre et de carottes, et une compote d'abricots pour dessert. Chez nous, on est végétariens. Parce que c'est quoi, la viande, quand on y réfléchit une seconde ? Un mignon petit veau tremblant sous sa mère, un cochon bien rose, un lapin au museau frémissant… Alors je préfère m'en passer. Le seul qui y a droit, chez nous, c'est Cherokee.

Où est-il ? À la fenêtre, bien sûr, son poste d'observation sur le monde, ou au moins sur la rue. Hiératique, il regarde la pluie. Il ne sort plus guère, il doit s'ennuyer. J'ai quitté la table pour aller lui tenir compagnie, je fourre mon visage dans les poils de son cou. Au bout de quelques secondes, son mécanisme interne se met en route et il commence à ronronner. Cherokee est un gros chat rouquin au poil long, un matou qui fait du lard. Dans mon dos, mes parents sont plongés dans une conversation animée, toujours la même, que j'entends depuis des semaines, si ce n'est des mois. Depuis que la pluie a décidé de ne plus s'arrêter. Depuis que papa a décidé de se lancer dans ses travaux.

—Tu es sûr que tu auras fini à temps ?

—J'ai encore du boulot sur la pile, mais j'ai bon espoir… Le plus gros problème, c'est la coque. Mais si Jean-Luc parvient à disposer du camion de la Frama, comme il me l'a promis, cela aussi sera résolu. Ne t'en fais pas, ma belette… Ne t'en fais pas.

Cette dernière phrase, répétée sur un ton inhabituellement grave, m'a poussé à me retourner. Papa s'était levé, il se penchait au-dessus de maman. J'ai pensé à un ours grizzli courbé sur une… belette, pourquoi pas. Mais l'ours avait passé tendrement sa patte autour des épaules de la frêle silhouette aux cheveux blonds tapie dans son ombre.

Pour un peu, j'en aurais eu les larmes aux yeux. Et puis l'ours a quitté la salle à manger et, bientôt, des bruits métalliques se sont fait entendre à l'extérieur, par-dessus le martèlement incessant de la pluie : mon père avait repris son travail.

Je suis remonté dans ma chambre, je suis allé jusqu'à la fenêtre sans éclairer et j'ai collé mon nez contre le carreau froid. La nuit était si épaisse qu'elle m'a semblé solide. Les seules lumières qui la perçaient provenaient du hangar, où papa jouait avec sa soudeuse électrique, et du globe de l'éclairage public fixé sur la façade de la maison d'en face. Ses fenêtres étaient sombres, sans aucun signe de vie. Nos voisins avaient dû déménager.

J'ai senti une pression douce contre mes mollets. Je me suis baissé, j'ai soulevé Cherokee et j'ai plongé mon visage dans la fourrure de son échine. Mais j'ai aussitôt eu un mouvement de recul accompagné d'une grimace : son poil était tout mouillé, il avait dû sortir pour faire ses besoins dans le jardin.

—La pluie, c'est encore moins drôle pour un chat que pour un humain, pas vrai, vieux matou ? ai-je murmuré.

Cherokee a poussé un petit miaulement couinant, comme s'il m'avait compris et qu'il ait voulu me répondre. Un chat comprend tout, spécialement Cherokee. J'étais en train de lui gratter le dessus du crâne quand le lampadaire s'est éteint brusquement.

Mon index s'est immobilisé, Cherokee a émis un autre couinement qui voulait dire : « Et alors ? Pourquoi tu ne continues pas ? » Mais je n'avais pas envie de continuer, et j'ai posé le chat par terre.

Cette lumière soufflée rendait la nuit plus compacte encore, malgré les étincelles intermittentes qui crépitaient derrière la vitre fumée du hangar. J'ai attendu un moment, dans l'espoir qu'elle se rallume, mais la lumière n'est pas revenue. Cela m'a paru — comment l'écrit-on, dans les romans ? — de « sinistre augure ». Très vite, je n'ai plus supporté de rester planté devant ce néant palpable. J'ai allumé partout, ma chambre s'est recomposée autour de moi, avec son fouillis habituel et, sur les murs, tous mes posters scotchés ou fixés avec des punaises : un chat de Steinlein, l'affiche de *Titanic*, une sérigraphie de Caza, les Alpes enneigées délicatement dessinées par Samivel, *Le Château des Pyrénées*, de Magritte, et une bonne dizaine d'autres…

Cherokee avait sauté sur mon lit, il faisait sa toilette. J'ai piétiné un moment, avant de comprendre que j'avais besoin d'une voix humaine. J'ai pris sur ma table de travail mon portable à usage strictement réglementé, j'ai pianoté le numéro de Drachline, que je connais par cœur, et j'ai écouté la sonnerie grelotter dans la boîte.

Claude Drachline est mon meilleur copain. On se connaît depuis le CP. Et ce qui m'ennuyait c'est que, copain ou pas, je ne l'avais pas vu au collège depuis le début de la semaine et qu'il ne m'avait pas donné signe de vie.

On a décroché au bout de la dixième sonnerie au moins. C'était sa mère. Quand j'ai demandé Claude, il m'a semblé qu'elle hésitait. J'ai même eu l'impression qu'elle allait me raccrocher au nez. Et puis elle m'a dit qu'elle allait l'appeler.

—Et alors, Drach, ai-je lancé avec une bonne humeur que je n'éprouvais pas vraiment, tu es mort ou quoi ?

Lui aussi a hésité. Et il avait l'air gêné en me répondant.

—Ho... salut, c'est toi, March ? a-t-il fait d'une voix tout aussi fausse que la mienne. J'aurais dû te phoner, je sais. Mais on touche plus terre ici, depuis qu'on a décidé de partir...

—De partir ?

Ma voix est devenue blanche, tout d'un coup, et j'ai avalé une gorgée de salive qui a eu de la difficulté à passer.

—Ben oui, c'est vrai que t'es pas au courant... Tu sais, mes parents ont un chalet à côté de Chamonix. Ils préfèrent que nous y allions. En attendant que ça se tasse, tu comprends ?

Je lui ai répondu que je comprenais. Et je lui ai demandé d'un ton léger pour quand était ce départ. Sa réponse m'a glacé. Elle tenait en un seul mot.

—Demain.

Après, je n'ai plus eu tellement envie de discuter. Nous avons encore échangé quelques banalités, je lui ai souhaité bon voyage, et lui m'a dit de ne pas m'en faire, qu'on se reverrait bientôt. Ensuite, il a raccroché. Et je suis resté seul avec le tambour de la pluie sur les vitres, sur le gravier de la cour, sur l'ardoise des toits, la pluie partout sur la ville, partout sur le monde.

2

—Alors à ce soir, Sébastien. Tu es vraiment sûr de vouloir rentrer à pied ?

Je tends à maman une joue où elle dépose un baiser rapide. Pendant une seconde ou deux, son parfum m'enveloppe, piquant, pimenté. Un parfum que je crois avoir toujours senti, depuis mes premières sensations de bébé…

Je saute de la voiture, je répète :

—Tu sais bien que je préfère zoner un peu…

Elle me sourit, détourne la tête. Ses cheveux blonds sont serrés dans un bonnet en plastique orange, elle porte de grosses lunettes à verres spéciaux. De profil, elle ressemble à un aviateur des temps héroïques. Le moteur tousse, et la voilà partie dans une gerbe scintillante. Je suis des yeux un moment sa voiture rouge qui laisse derrière elle un sillage pareil à celui d'un hors-bord (j'exagère à peine), et je franchis le portail du collège Gérard-Philipe.

—Ça déchire que tu viennes en bateau, toi…

—La prochaine fois, je ferai comme toi, Hellal, je viendrai à la nage !

Plaisanteries traditionnelles, qui nous font toujours rire. Saïd Hellal habite non loin du collège, plus bas sur la colline, dans une cité. Je me demande si cette cité n'a pas déjà les pieds dans l'eau, ou même les mollets, mais ça, je n'ose pas lui demander. Les plaisanteries ont des limites.

Dans la cour, je vais d'un groupe à l'autre pour écouter les nouvelles. Avec les capuches, les bonnets de plastique, les chapeaux plus ou moins bizarres et de toutes les couleurs dont nous sommes tous coiffés, la cour ressemble à une forêt de champignons ; mais, à part quelques filles, personne n'a envie d'aller se mettre à l'abri des arcades. Une manière de défi, peut-être. Une manière de se faire croire que rien ne change.

Pourtant, ça change. Par exemple, il nous arrive de glander des heures entières dans la cour, parce qu'il y a de plus en plus de profs absents. Les problèmes matériels mis à part, je peux comprendre ce qui se passe dans leur tête… Ça doit être difficile d'enseigner l'histoire quand « son tissu se défait comme un pull-over quand on tire sur une maille » — ainsi que nous le disait, la semaine dernière, monsieur Ferniot. Et encore plus vain de faire des cours de géographie quand elle se modifie tous les jours, à mesure que l'eau ronge les côtes.

— Vous êtes la quatrième A2 ? Vous pouvez aller dans votre salle si vous voulez, mais madame Marcellin ne viendra pas aujourd'hui. Heu… Il paraît que son mari a été emporté par la rivière en crue. Un pont qui s'est effondré alors qu'il y passait en voiture.

C'est un surveillant qui est venu nous donner la

nouvelle. Il nous regarde, on le regarde, on se regarde, mais personne ne fait le moindre commentaire. Le surveillant hausse les épaules et repart à travers la cour à grandes enjambées dans la mare qui couvre le goudron.

—Ben quoi, ça fait un noyé de plus ! finit par lancer une voix anonyme.

Personne ne répond. La noyade, depuis une semaine ou deux, serait passée en tête des causes de mortalité dans le pays. Dans d'autres aussi, probablement. C'est même devenu le principal sujet de conversation : « Monsieur Dupont s'est noyé... Madame Durand a été emportée par une crue... La famille Dutronc a disparu dans l'effondrement de leur maison... »

Maintenant, en tout cas, il ne nous reste plus qu'à attendre le cours suivant. Le seul de la matinée est le cours de physique. Le plus drôle (mais en vérité ça ne l'est pas tellement), c'est qu'il porte sur le principe d'Archimède ! Mais on a bien vu que le terrible monsieur Melznick, si dur d'ordinaire — un vrai Saddam, comme dit Saïd —, n'avait pas trop la tête à ce qu'il disait. Quand la sonnerie nous a libérés et que je suis passé devant lui pour sortir, je l'ai entendu grommeler dans sa barbe :

—Nous payons pour toutes les bêtises de l'humanité...

Une réflexion qui n'avance pas à grand-chose et qui m'a presque mis en colère. Je ne me sens coupable d'aucune bêtise, et je ne vois pas pourquoi je payerais pour le reste de l'humanité. N'empêche que cette phrase m'a trotté dans la tête tout le reste de la journée, qui s'est déroulée sans incident notable. J'ai mangé à la cantine self-service, qui fonctionne encore normalement, et l'après-midi nous avons eu nos deux heures de gym avec Jo Brainard, qui a réussi à garder sa bonne humeur. Seulement, la quatrième A2 étant réduite de moitié, il nous a été impossible de constituer des équipes de basket. Et comme on doit de toute façon rester dans le gymnase, ça a été muscu et muscu…

La sonnerie de 16 h 30 a libéré le flot habituel de cirés multicolores. Mais, contrairement à ce qui se passait *avant* (avant… est-ce que c'est déjà si loin ?), quand des groupes se formaient aux abords du collège pour bavarder et fumer, tout le monde s'est dispersé en un clin d'œil, à pied ou dans la voiture de parents inquiets. Parce que, circuler en cyclomoteur, c'était encore une chose qui faisait partie de l'*avant*.

J'ai fait comme beaucoup d'autres, j'ai pris seul le chemin de chez moi.

Hé ! Drach… tu m'accompagnes ?

Hélas, mon pote Claude Drachline n'était plus là… Mes bottes s'enfoncent parfois dans dix centimètres d'eau boueuse. Toute cette eau ! Elle ruisselle à travers les rues en pente, elle s'accumule dans la plaine, qui ressemble à un lac d'étain où surnagent le toit des pavillons isolés, le plumet des arbres, les pylônes encore debout, les étages supérieurs des résidences modernes, dont certaines sont encore habitées, et bien sûr les pontons hâtivement construits par les Ponts et Chaussées et par l'armée.

Quand on parle du loup… Un convoi militaire a brusquement débouché au croisement de l'avenue Ambroise-Croizat, descendant à toute allure dans ma direction. Je n'ai eu que le temps de me jeter sous un porche pour ne pas être écrasé, mais les vagues soulevées par les roues m'ont giflé avec violence. Le convoi a défilé, douze ou quinze camions verdâtres, bâchés, aux vitres si opaques que j'ai eu l'impression qu'il n'y avait personne dans les cabines.

Je me suis demandé d'où ils venaient, où ils allaient, ce qu'ils faisaient. Maintenant, on voit des militaires partout. Ils font des travaux d'utilité publique, ils « aident à maintenir la cohésion de la nation », comme on nous le serine à la télé.

Il me faut environ trois quarts d'heure entre le collège Gérard-Philipe et chez moi. Avant, je prenais la navette, mais elle ne fonctionne plus. Et alors ? Je n'ai pas menti à maman, j'aime bien marcher dans les rues inondées où l'on ne voit presque plus personne.

Plus personne ? J'ai aperçu l'anorak rouge à mi-chemin de chez moi. Elle était juchée sur le capot d'une voiture abandonnée, sous l'auvent d'un garage fermé. Elle fumait.

Elle, c'est Aïcha. Aïcha est une fille de ma classe. Ou plutôt, c'était une fille de ma classe. Parce que ça doit bien faire quatre ou cinq semaines qu'elle n'a plus mis les pieds au collège, même si parfois elle vient rôder à la sortie, pour voir ses copines. Et aussi ses copains. Pour être franc, Aïcha manquait déjà souvent la classe quand les conditions étaient normales. Mais ça ne me regarde pas.

J'ai attendu qu'elle me fasse signe avant de traverser la rue. Sinon, j'aurais peut-être fait semblant de ne pas la voir. Ou alors juste un geste en passant. Nous n'avons jamais été spécialement toupos, Aïcha et moi. Je me suis appuyé à la portière de la bagnole où elle était juchée, une Mercedes. C'est dingue que des gens abandonnent une tire de cette valeur. Encore un changement à mettre sur le compte des « temps ».

— Alors, Marchetti, on prend sa douche ?

J'ai cherché quelque chose de drôle à répondre, mais je n'ai rien trouvé d'autre que :

— Si tu crois que ça m'amuse…

Aïcha habite très en dehors de la ville, dans une cité où je n'ai jamais mis les pieds et qui n'a pas très bonne réputation. Voitures brûlées et trafic de drogues, si vous voyez ce que je veux dire. Mais c'est encore une chose qui ne me regarde pas. Elle est nettement plus vieille que moi, quinze ans, peut-être quinze et demi. Elle se met du rouge à lèvres, ses cheveux sont nattés à l'africaine, elle se donne une vague allure punk. Ou punkette. Même si c'est passé de mode depuis dix ans. C'est une jolie fille, qui a… hum, tout ce qu'il faut partout, pour reprendre une expression que j'ai entendue dans la bouche de je ne sais plus qui.

— Si ça t'amuse pas, pourquoi tu continues d'aller au gecolle ? Pour ce que ça sert, avec ce qui nous attend…

Elle a jeté avec nonchalance sa cigarette, qui a semé une ribambelle d'étincelles pourpres avant de se noyer dans l'eau stagnante. Mal à l'aise, j'ai donné un coup de pied dans un enjoliveur.

—Tu le sais, toi, ce qui nous attend ? Personne le sait. Alors autant continuer à apprendre. Les connaissances, ça sert toujours…

Ça l'a fait rire, pas méchamment.

—Optimiste, hein, Marchetti ? Je parie que le chtarbé est toujours en train de bosser sur son engin. Si tu crois…

J'ai mis quelques secondes avant de réagir.

—Le chtarbé ? C'est de mon père que tu parles ? Tu pourrais être polie, non ? De quoi tu te mêles ? Si t'es pas capable d'autre chose que te foutre de la gueule des gens, salut !

J'ai tourné les talons et je suis reparti, en mettant le plus de dignité possible dans la raideur de mon dos. Aïcha a lancé :

—Allez, Marchetti… Je déconnais… Reviens !

Mais je ne me suis pas retourné.

À la maison, j'ai retrouvé le branle-bas habituel. Papa travaillait, et je savais bien qu'il n'avait fait que ça toute la journée. Il est ingénieur — « ingénieur-génial », comme le répète maman —, ce qui ne l'avait pas empêché de perdre son travail quatre mois plus tôt. Dégraissage, selon l'expression consacrée. Sa seule réflexion, à l'époque, avait été : « Au moins, maintenant, j'aurai tout mon temps pour moi. » Et son temps, effectivement, il avait su comment le remplir !

Je l'ai un peu aidé avant le repas, ensuite je me suis installé devant la télévision. Je n'avais pas envie de faire quoi que ce soit. Je pensais toujours à ce mot prononcé par Aïcha : le « chtarbé ». Je sais bien que, depuis que ses travaux ont pris de l'importance et qu'ils sont visibles de la rue, papa a déjà récolté pas mal de noms d'oiseaux de la part de voisins ou de soi-disant amis. Il s'en moque comme de sa première chemise, je sais. Mais qu'une fille de ma classe vienne claquer du bec sur le sujet, ça ne me plaisait pas, mais alors pas du tout…

J'ai cessé de penser à elle en me plongeant dans les actualités, commentées par un présentateur à la mine sombre.

Dans les Alpes suisses, les torrents ne cessent de grossir, emportant des villages entiers sur leur passage…

Au Bangladesh…

Mais le Bangladesh n'existe plus, il n'est plus qu'un trou émietté sur la côte indienne, qui ressemble à un gigantesque fromage mou dans lequel un géant affamé a planté ses dents…

En Italie, Venise achève de s'enfoncer dans la mer. Cette fois, c'est bien la fin d'une des plus belles villes du monde…

La mer du Nord déferle vers l'Europe, sans cesse gonflée par la fonte des glaciers du pôle. Le Danemark, la Hollande, la Belgique, la Normandie sont amputés chaque jour de dizaines de kilomètres carrés…

Voyez cette flottille hétéroclite de barques, de

radeaux, de vieux rafiots, d'invraisemblables conglomérats faits de bric et de broc, tous reliés entre eux... Sur cette véritable île flottante, des centaines de milliers de familles fuient leur terre bue par l'eau ! Ces nouveaux boat people ont été arrachés à l'archipel indonésien...

Il y a eu d'autres images encore, accompagnées de commentaires plus ou moins pontifiants, puis l'émission s'est interrompue, laissant place à une neige crépitante qui s'est mise à pelucher sur l'écran. J'ai zappé pendant cinq minutes, mais toutes les chaînes étaient pareillement devenues aveugles. Je me suis détourné, pour voir les visages de papa et maman, pâles dans la lueur de craie émanant du poste muet. La grosse patte de l'ours s'était posée à nouveau sur l'épaule de la belette.

—Il va vraiment falloir qu'on se dépêche, a-t-il murmuré, assez fort cependant pour que j'entende.

Et il s'est levé pour aller au garage. Moi, je n'arrivais pas à me détacher de l'écran mort. J'avais encore toutes ces images terribles dans la rétine. Terribles ? Bien banales, pourtant. La phrase de monsieur Melznick m'est revenue en tête. *Nous payons pour toutes les bêtises de l'humanité.* Il avait peut-être raison. Parce que je sais bien comment on en est arrivés là, à ce « Nouveau Déluge », comme les médias n'ont pas manqué de baptiser l'événement. Papa m'avait expliqué, mieux que tous les commentaires officiels...

À force de balancer dans l'atmosphère des milliards de tonnes de gaz carbonique et autres cochonneries suite à la combustion forcenée des énergies fossiles, pétrole et charbon en particulier, la température moyenne du globe s'est élevée en cent ans, oh ! pas de beaucoup, de même pas deux degrés. Mais c'est pourtant suffisant pour provoquer des changements climatiques qui vont en s'aggravant: des tempêtes monstrueuses en Europe, des cyclones gigantesques qui ravagent l'hémisphère Sud, des sécheresses sans précédent en Afrique, en Asie centrale, en Amérique centrale, et surtout l'accélération de l'évaporation des eaux océaniques... Des milliards de mètres cubes de vapeur d'eau qui se sont condensés au-dessus de nos têtes, formant autour de la planète une impénétrable couche de nuages. Et il s'est mis à pleuvoir, cette pluie lourde et chaude que nous connaissons bien, que nous subissons sans trêve, cette pluie lourde et grasse, noire de toute la pollution ramassée en chemin.

La pluie a commencé fin novembre, après un automne étouffant. Il n'y a pas eu un gramme de neige, pas d'hiver. À cause de ce déluge d'eau, sans oublier la fonte de la glace des pôles, l'eau a commencé à monter. Et monte encore : nous sommes déjà à la fin mai, la pluie ne s'est pas arrêtée, même un jour. Six mois de pluie ininterrompue, sur la presque totalité de l'Europe !

Voilà à quoi j'ai pensé, face à l'écran neigeux. J'avais tout mon temps : les émissions n'ont pas été rétablies. Ni ce soir ni le lendemain. Ni jamais.

3

Plus tard, trois jours après l'interruption générale du réseau hertzien, le copain de papa est venu livrer ce qu'il avait promis…

Il était sept heures et demie du matin, j'avalais mes céréales avant de partir au collège. Papa s'est approché de moi, précédé par cette odeur d'ozone et de métal chaud qui imprègne ses vêtements depuis plusieurs semaines. Je l'ai senti tourner autour du pot — ou tourner trois ou quatre fois sa langue dans sa bouche — avant qu'il se décide à me dire :

—Dis donc, fiston, ce serait peut-être mieux que tu n'ailles pas à l'école, aujourd'hui. Nous avons un sérieux coup de collier à donner.

J'ai réussi à garder mon calme, j'ai même répondu avec un air parfaitement détaché que je comprenais parfaitement. Mais, à l'intérieur, je bouillais d'excitation. Pas de doute, le « grand jour » approchait. La seule chose qui m'agace, c'est que papa s'obstine à m'appeler fiston. Il n'a quand même pas oublié que mon prénom est Sébastien ?

Je suis sorti sur ses talons pour voir le gros engin se garer derrière le jardin. Un semi-remorque, qui occupait toute la largeur de la rue, trottoirs compris. De la cabine du monstre jaune canari, un type aux joues rouges et à la barbe rousse a fait un signe de la main à papa avant de descendre, tête nue sous la pluie.

—C'est mon pote Jean-Luc ! s'est exclamé papa.

Il travaille à la Frama. Il travaillait, plutôt. Et tu sais ce qu'il apporte ? Des plaques en fibre de carbone ultra-résistante, un matériau nouveau, étudié pour doubler l'enceinte de confinement des futurs réacteurs de centrales nucléaires… qu'on ne construira jamais !

Cette idée semblait le réjouir profondément. Il a échangé des bourrades avec son « pote », aussi grand que lui mais encore plus épais ; Jean-Luc m'a donné un grand coup de poing dans l'épaule en me lançant un clin d'œil, après quoi papa a lancé :

—Au boulot !

Alors nous nous y sommes mis, aidés par maman venue se joindre à nous.

Nous avons sué toute la matinée pour décharger le camion et assembler les plaques sur la structure en poutrelles métalliques dressée au milieu du jardin. Et c'est en voyant un semblant de carcasse s'assembler que je me suis fait cette réflexion : *Si nous n'avions pas eu la chance d'habiter une maison avec un grand jardin, papa n'aurait peut-être jamais pu entreprendre ses travaux.*

Vers une heure, maman a invité Jean-Luc à partager notre repas. Exceptionnellement, en l'honneur du géant roux, elle avait fait des escalopes, tirées du congélateur. Moi, je n'y ai pas touché, même si l'odeur qui s'élevait des tranches juteuses m'a fait saliver. Question de principes ! Au café, papa a posé à Jean-Luc une question qui, j'en étais sûr, le turlupinait depuis pas mal de temps.

—Dis-moi, entre nous et entre quatre z'yeux…

Puisque tu es un pauvre célibataire, pourquoi tu ne tenterais pas l'aventure avec nous ?

Je m'y attendais, à cette question. Et c'est sûr que j'aurais vu d'un bon œil un costaud de ce gabarit partir en notre compagnie. Jean-Luc a plissé ses petits yeux rigolards, il a levé ses mains larges comme des pelles :

—J'ai d'autres projets, Gino. Je t'en ai déjà parlé...

—Le Tibet ?

Jean-Luc a hoché la tête, son regard est devenu lointain, ses doigts aux ongles noirs ont fourragé dans sa barbe.

—Eh oui... Nous sommes déjà une bonne vingtaine à vouloir tenter le coup. Dont Laurent Gressard, ce journaliste qui a eu la chance de pouvoir aller jusqu'à Lassah. Vous savez, même s'il pleut pendant encore dix ans, l'eau ne montera jamais jusqu'au sommet des montagnes. Il y a de la place pour nous, là-haut. De la liberté, aussi, depuis que les Chinois sont partis. Et puis... ne rigolez pas. Après toute cette boue, j'espère trouver là-bas une pureté spirituelle qui nous fait bougrement défaut.

Personne n'a eu envie de rigoler. Ni d'ajouter quoi que ce soit. Jean-Luc n'a pas tardé à partir, après avoir embrassé tout le monde, dans un climat de gravité qui m'a rendu tout bizarre. Ensuite, son camion s'est ébranlé en faisant trembler toutes les maisons environnantes, et il a disparu sous les trombes.

Nous avons été occupés tout l'après-midi à tendre

au-dessus des plaques une grande bâche vert olive qui n'a pas tardé à recouvrir la totalité du jardin à partir d'un mât central. On aurait dit la tente d'un cirque.

Le lendemain… le lendemain, j'ai continué à aider papa, pour le travail de soudure. Parce qu'il n'était définitivement plus question de collège.

Le jour suivant, je suis allé accompagner maman pour de la « récupération »…

Maman avait pris le 4 x 4. Elle était habillée de cuir des pieds à la tête, style motard poids plume… Papa lui avait fourni une liste détaillée des fournitures à rapporter : câbles, fils électriques, composants électroniques pointus, etc. Nous avons fait plus de trente kilomètres sur l'arrière-plateau, au milieu de la herse immuable de la pluie. La route n'était qu'un ruban miroitant ; les champs, des rizières. Lorsque le 4 x 4 s'est rangé derrière le mur aveugle d'un long parallélépipède de béton, nous n'avions pas croisé un seul véhicule. J'ai entendu maman pousser un soupir, elle a soulevé ses lunettes et m'a regardé droit dans les yeux :

— Sébastien, nous allons entrer dans ces locaux. Il n'y a plus personne, l'entreprise a été abandonnée il y a plusieurs semaines. Nous allons prendre tout ce dont nous avons besoin. Au regard de la loi, et tout simplement de la morale, ce que nous allons faire s'appelle du vol. Je voudrais que tu en sois bien conscient. Mais je voudrais aussi que tu sois conscient que nous ne lésons personne, dans l'état actuel des choses. Et qu'il est possible que notre survie tienne à ce que nous allons récolter ici. D'accord ?

J'ai posé la main sur le poignet de maman et, en modelant une moue virile, je lui ai dit que je comprenais parfaitement. J'ai même cru bon d'ajouter :

—De toute façon, ce n'est pas la première fois qu'on se sert gratis. À la guerre comme à la guerre !

D'accord, ce n'était peut-être pas une réflexion d'une grande finesse, mais maman n'a pas fait de commentaire. Nous avons pénétré dans l'entreprise par la porte métallique des ateliers, qui pendait sur le côté, complètement tordue, manifestement défoncée au bulldozer. Ce qui prouvait que d'autres s'étaient servis avant nous.

J'avais eu beau faire le fanfaron quelques minutes plus tôt, je me suis senti bizarrement oppressé en explorant les salles en enfilade. Il y régnait une ambiance confinée due à la pénombre grise, au silence seulement troublé par le bruit de nos pas et au martèlement de la pluie sur le zinc des toits. Des caisses et des cartons vides traînaient partout, les placards et les armoires béaient, vides pour la plupart. J'ai eu un moment de découragement, j'ai soufflé à maman :

—Tu crois que c'est la peine ? On dirait la caverne d'Ali Baba, mais après le passage des quarante voleurs !

Ce trait d'esprit-là devait être meilleur que le précédent car elle a souri. En même temps, elle me désignait un carton intact dissimulé derrière une armoire. Il contenait des trucs dont la désignation — pour moi du japonais — correspondait à la liste de papa.

—Commence par porter ça à la voiture. Il me semble qu'il y en a d'autres au fond de la pièce. Tu crois que tu vas y arriver ?

Si j'allais y arriver ! J'ai empoigné la caisse sans répondre et, ensuite, tout a été facile. J'en ai transbahuté, des caisses et des cartons ! Mais j'avais quand même hâte que notre « marché » se termine. Ces entrepôts abandonnés, avec leurs recoins sombres et les flots de lumière poisseuse s'écoulant par leurs hautes fenêtres, me faisaient penser à l'intérieur d'une cathédrale engloutie. Une comparaison moins stupide qu'elle n'en a l'air: il y a toutes les chances pour que ces bâtiments soient effectivement, un jour proche, engloutis pour de bon.

En portant la dernière caisse vers le 4 x 4, j'ai jeté un ultime coup d'œil dans mon dos. Mais je n'ai pas vu surgir de la porte défoncée un de ces vigiles en uniforme bleu marine qui, il n'y a pas si longtemps, scrutait sur toutes les coutures chaque jeune (moi compris) sortant du supermarché. Mais, bien sûr, il n'y avait personne, seulement des ombres dans ma mémoire… Je me suis glissé à côté de maman et elle a démarré.

—Nous avons fait une bonne pêche, m'a-t-elle dit en me lançant un clin d'œil. Mais tu as vu l'heure qu'il est ? Il faut nous dépêcher…

C'est ce qu'elle a fait, pied au plancher dans la nuit qui s'épaississait et sur les petites routes transformées en fondrières. En moins d'une heure, nous étions de retour avec notre butin.

Et les travaux ont continué. Pendant des jours et des jours.

4

Je suis dans ma chambre, allongé sur mon lit, quand j'entends le bruit de verre brisé. C'est le milieu de l'après-midi, je suis monté souffler un peu. Mon père ne m'a pas ménagé depuis le matin, je suis littéralement crevé.

Quelques secondes plus tard, un second tintement strident retentit, suivi de la cascade cristalline des débris de verre sur le sol. Je me redresse, je prends conscience du remue-ménage qui se fait à l'extérieur. Des cris, des hurlements, des chocs métalliques. Je saute du lit, je me précipite à la fenêtre.

Une demi-douzaine de silhouettes vêtues de cirés de toutes les couleurs sont agrippées au mur du jardin, ou debout sur son faîte. L'une d'elles est même en train de se laisser tomber juste à côté du hangar.

On nous attaque !

À ce moment, je vois papa. Il vient de surgir du hangar. Il est en survêtement bleu, tête nue. Il fonce vers deux des intrus qui ont pris pied dans le jardin. Soudain, je le vois vaciller, ses bras battent l'air, il porte la main à sa tempe. Il a été atteint par une pierre… Et moi qui suis toujours là, devant ma fenêtre !

Comme si je venais d'être piqué par une abeille, je me précipite hors de ma chambre, je descends l'escalier en cata et me rue dehors. Ce n'est qu'à l'instant où je traverse le terre-plein boueux devant la maison que je me rends compte que j'ai les mains vides. Mais je n'ai pas le temps de réfléchir. Un grand diable en ciré jaune se dresse devant moi. Il tient un fragment de brique.

Je plonge, je le plaque aux jambes. J'ai fait un peu de rugby, avec l'équipe de Gérard-Philipe. Le type au ciré s'étale, je m'étale sur lui. Nous nous empoignons un moment — c'est-à-dire que je cherche à l'empoigner, à profiter de mon avantage pour…

Mais je n'ai pas l'occasion de jouer les Bruce Willis. Le type au ciré m'envoie un méchant coup de pied dans le ventre et, en moins de temps qu'il n'en faut pour l'écrire, c'est moi qui me retrouve sur le dos, avec mon adversaire au-dessus de moi. Je vois une figure grimaçante, un poing levé. J'entends une voix rageuse qui me crache au visage :

—Tu vas la sentir passer, morveux !

Je ne suis pas spécialement bagarreur, et même pas du tout. Et celui qui me maintient cloué au sol est un type d'une vingtaine d'années. Je me dis… mais je n'ai pas le temps de me dire quoi que ce soit. À cet instant précis, une détonation retentit quelque part, pas loin dans mon dos. Un coup de fusil. Ce coup de fusil a le même effet qu'un coup de baguette magique. Il fige tout le monde.

Le poing s'est immobilisé. En avant de la porte du hangar, un groupe de trois personnes s'est pareillement statufié : papa, dont tout le côté du visage est en sang, aux prises avec deux « cirés » qu'il a chopés par le cou et qu'il maintient par la seule force de ses bras de bûcheron. Une scène dont je me souviendrai toute ma vie...

Une idée me traverse, avec une seconde de retard (parce qu'il ne s'est pas écoulé plus d'une seconde depuis le coup de fusil) : Qui a tiré ? Parce que, si cette caillera est armée, on est foutus.

Cette réflexion me donne assez d'énergie pour ruer à mon tour. Je roule sur le côté, je me redresse. Et je vois maman. C'est elle qui a tiré. C'est elle qui est armée. Elle a surgi de la maison par la porte de derrière, elle braque le fusil à pompe que papa s'est procuré — je ne sais comment — il y a quelques semaines en disant : « J'espère bien qu'on n'aura jamais à s'en servir. Mais il vaut mieux être prudent. »

Comme il a eu raison !

Je me lève, couvert de boue de la tête aux pieds. Chloé manœuvre l'éjecteur du fusil, la cartouche brûlée saute de la culasse. Déjà elle épaule de nouveau et lâche un second coup de feu au-dessus des têtes.

—C'est terminé, les petits malins ! Fichez le camp, et plus vite que ça !

Elle ne s'est même pas donné la peine de crier. Dans son ensemble de cuir, un foulard rouge autour des épaules, on la croirait sortie d'un *Mad Max*.

Le type avec qui je me suis empoigné se relève, dégage à reculons vers le mur. Les deux autres, que papa vient de lâcher, se précipitent au fond du jardin. Les derniers, restés à cheval au sommet du mur, disparaissent à leur tour. Quelques menaces sont encore lancées. Du genre : « On reviendra ! », « On la foutra en l'air, ta ferraille ! »...

Mais ni papa ni maman ne semblent accorder la moindre importance à ces menaces. À nouveau, la patte de papa est sur l'épaule de sa Chloé.

—Ils sont plus à plaindre qu'à blâmer, grogne le grizzli. Ce ne sont que de pauvres chiens perdus...

—Viens donc, murmure Chloé. Tu saignes comme un bœuf. Je vais te faire un pansement.

—C'est rien ! proteste papa.

Mais il suit maman dans la maison. Je ne les accompagne pas. Quelque chose me tracasse. Parmi les « cirés » restés sur le mur, j'ai bien cru reconnaître un grand du collège, un terminale C. Pauvre type !

J'ouvre la petite porte en bois qui donne sur la rue des Muguets, par où est venue l'attaque. Dans la pénombre hachurée, je ne distingue personne. Les « chiens perdus » ont fichu le camp. Je suis prêt à rentrer quand je m'aperçois que je me suis trompé. Il y a bien quelqu'un. Et mon cœur se met à battre la chamade.

Elle était là, plaquée dans un renfoncement du mur, à quelques mètres de la porte. Je voyais dans l'ombre de son capuchon l'extrémité rougeoyante de son éternelle cigarette piquer une triple étincelle dans ses yeux et sur le bout de son nez. Je me suis approché, en essayant de ne pas écouter mon cœur.

—Tiens donc ! Cette chère Aïcha... Alors tu faisais partie de cette bande de...

J'ai pincé les lèvres avant de lâcher un de ces mots qui viennent si facilement quand on est en rogne. Aïcha s'est détendue comme un ressort pour venir se planter devant moi. J'ai respiré la fumée de sa cigarette, et aussi son odeur à elle, henné et parfum poivré.

—Je suis pas de cette bande ! Ça fait des jours que je viens par ici... pour voir ce que vous fabriquez, ton père et toi. Je suis curieuse, j'ai bien le droit ! Tu peux me dire ce que je pourrais faire d'autre, dans ce bled ripou où presque tout le monde s'est tiré ?

Je l'ai regardée de haut, mais je n'avais déjà plus envie de l'accuser de quoi que ce soit. J'avais même une grande, grande envie de la croire. J'ai grommelé :

—OK... Laisse béton. Mais... tes parents, ils font quoi ? Je veux dire : ils se préparent ?

Elle a ri. Mais je me suis bien rendu compte qu'il y avait quelque chose de fêlé dans son rire.

—Mes parents ? Tu rigoles ou quoi, Marchetti ? Mon père, je l'ai pas connu. Et ma mère, ça fait un mois qu'elle s'est tirée avec un type, en emmenant mes deux petites sœurs...

—Mais alors... tu vis seule ?

—Eh oui, Marchetti. C'est comme ça. Mais je te laisse. Va donc aider ton père, puisque t'en as un...

Dur. J'aurais voulu la retenir avec une phrase intelligente, mais elle s'était déjà détournée et, en moins de dix secondes, le rideau de pluie l'a avalée. Je suis resté désemparé, avec le cœur gros, comme on dit. À ce moment, j'ai entendu un minuscule couinement à mes pieds. Un tout petit chat, si détrempé qu'on voyait le rose de sa peau à travers les poils noir et blanc de son pelage collé, levait vers moi des yeux accusateurs. Je l'ai pris dans ma main, il était léger comme une plume. Il tremblait, mais il s'est mis d'un seul coup à ronronner.

Je l'ai embrassé sur le museau. J'ai murmuré :

—Qu'est-ce que tu fais là, toi ? Pas de parents non plus, hein ? Ben, t'as trouvé un nouveau papa. Je te baptise Black-and-White.

Je suis resté encore une minute ou deux sous la pluie, Black-and-White dans l'échancrure de mon blouson, espérant… vous savez quoi. Mais Aïcha n'a pas reparu. Alors j'ai regagné le jardin.

—Te voilà, toi ! a lancé papa sans me regarder.

La tête entourée d'un pansement, il était en train de tirer sur la corde maintenant la bâche du « cirque ». Elle a glissé en flottant, s'est étalée dans la boue autour de ce qu'elle avait protégé et dissimulé. Malgré moi, j'ai retenu ma respiration. Dans la lumière des projecteurs, le métal argenté s'illuminait de reflets aussi somptueux que ceux qui irisent les flaques d'huile sur une route mouillée. Dans la lueur des projos, la chose était d'une surprenante beauté, un bloc ovale paraissant moulé d'une seule pièce, aux lignes souples, au profilé aérodynamique.

Je savais bien ce que c'était, puisque j'y avais travaillé pendant des semaines, mais c'était la première fois que je voyais vraiment ce que papa avait conçu et fabriqué.

Une arche.

5

C'est le lendemain que l'électricité a été coupée. Mais papa a tiré un fil dans la maison et nous avons eu à nouveau de la lumière. Elle venait du cœur de l'arche grâce à la plus fabuleuse création de Gino Marchetti (qu'il appelait un « bricolage ») : le générateur à fusion froide.

Il me l'avait montré quelques jours auparavant, œuf de lumière opalescente qui luisait paisiblement au sein d'un double cylindre rempli d'un épais liquide ambré.

—Tu comprends, fiston, ça n'a rien à voir avec l'énergie nucléaire de fission, bien trop dangereuse à cause des radiations et des déchets. Tu sais que j'ai toujours été contre… bien avant Tchernobyl. Ici, il s'agit d'une réaction chimique provoquée à partir de l'hydrogène sous certaines conditions. Je n'ai fait que reproduire en système fonctionnel une expérience tentée il y a plusieurs années par deux physiciens américains. Et ça marche ! Notre arche est dotée d'un moteur increvable, dont le combustible n'est rien d'autre que de l'eau. De l'*eau*, fiston !

Est-ce que ce n'est pas un ingénieur-génial, mon papa à moi ?

Maintenant, nous allons pouvoir… prendre le large. Les rues ne sont plus que des marigots où de lents torrents de boue frottent leur échine contre les murs des maisons. Un mètre d'eau grasse stagne dans le jardin. À l'intérieur de la maison, ce n'est pas mieux. De grosses rigoles huileuses suintent sur les murs en traversant toit et plafonds. Tout sent le moisi, il est impossible de garder un vêtement sec. Et l'on ne mange plus que des aliments au goût d'eau stagnante.

La plupart des routes traversant le plateau sont devenues impraticables. Les pontons montés par le Génie pour permettre la traversée de la plaine inondée s'effondrent les uns après les autres et ne sont pas remplacés. De toute façon, en bas, ceux qui ont choisi de partir en voiture se sont tirés depuis longtemps. D'autres avaient tenté leur chance dans des embarcations de fortune, les derniers ont été évacués par hélicoptère. Le pire, c'est que ce cataclysme progressif était lent, mou, gris, presque paisible. Parfois, j'ai du mal à croire que tout était en train de disparaître, que rien ne serait plus comme avant.

Même la ville haute n'est plus qu'une cité-fantôme que neuf habitants sur dix ont abandonnée. Seule une grande surface demeure ouverte à la périphérie, gardée par un escadron de gendarmerie. C'est là que nous avons fait nos dernières courses. Mais l'essence manquait aussi, et ça a été la panne sèche définitive.

La panne *sèche* ! Bidonnant, non ?

6

—Attention ! Il y en a une qui s'est échappée vers le niveau 3. Allez, fiston, magne tes flûtes et ramène-la-moi…

Le fiston en question a tout de même pris le temps de déposer sur le pont du niveau 2 la cage qu'il trimballait à bras le corps. Ensuite, j'ai escaladé l'échelle de coupée menant au pont supérieur, qui comporte cabines individuelles et pièces collectives. C'est là que la fuyarde s'était envolée.

Je n'ai pas mis beaucoup de temps à la retrouver. Jabot hérissé, caquetant d'un ton outragé, elle s'était hissée sur le dossier d'un siège pivotant, fixant le vide d'un œil furibard. À ses pieds, l'échine arrondie et le poil tout aussi hérissé, Black-and-White faisait le guet, tout fier de son rôle de prédateur en herbe.

Je lui ai gratouillé le cou. Comme d'habitude, il s'est mis à ronronner. J'ai chopé la poule prodigue, qui m'a remercié de mes attentions en battant frénétiquement des ailes, et je l'ai reconduite à l'étage du dessous, dans son enclos.

Papa, à l'autre extrémité du pont, s'occupait de la vache et de son petit veau, qui meuglait à fendre l'âme. Je l'ai aidé à dresser des parois de plastique qui donneraient à l'endroit une allure acceptable d'étable. Le foin que nous y avions entassé finissait de donner l'illusion.

Ensuite, nous nous sommes permis une pause. Papa

s'est épongé le front avec son avant-bras. Depuis quelques jours, il avait négligé de se raser. Sur son menton, les poils de sa barbe étaient gris. Il ressemblait plus que jamais à un bûcheron. Il m'a lancé un clin d'œil en hochant la tête vers les profondeurs du pont. La présence de tous ces animaux nous posait des problèmes. Mais nous étions dans une arche, n'est-ce pas ? Et le voyage serait long.

Bien sûr, nous n'avions pas embarqué d'éléphants, de girafes ou de lions. Il n'y en a pas, dans le coin. Mais papa avait acheté à l'un des derniers paysans qui s'accrochaient au plateau une douzaine de poules et un coq. Quant à la vache et au veau, c'étaient des animaux abandonnés qui erraient dans un mètre d'eau juste à la sortie de la ville.

La veille, maman avait ramené un couple de chiens, des setters calmes et attentifs avec qui j'avais déjà commencé à faire copains-copains. Ils lui avaient été cédés par des connaissances, évacuées en catastrophe par l'armée. Black-and-White s'était révélé, coup de chance, être une femelle. Pour l'instant, Cherokee la dédaignait et grondait quand la petite s'approchait. Mais il finirait par s'habituer à sa présence. Et à lui faire une portée de chatons !

—Au moins, c'est pas la peine d'emmener des poissons ! ai-je lancé, tout fier de mon humour.

—Tu crois ça ? a répliqué le capitaine Nemo. Je veux dire… le commandant Noé.

Il m'a emmené au fond du niveau 3. Dans une citerne grouillaient des alevins de truites.

— J'ai des doutes sur nos capacités pour la pêche ! s'est-il contenté de marmonner.

L'intérieur de l'arche est fonctionnel de la cave au grenier, si je peux m'exprimer ainsi. Pas un centimètre carré de perdu, quatre petites cabines où chacun pourra s'isoler pendant la traversée, un grand espace central pour nous réunir, parler, écouter de la musique, être ensemble, quoi.

Nous avons dû embarquer un certain pourcentage d'aliments en conserve, lyophilisés ou surgelés. Mais, très vite, nous devrions compter sur ce que nous dispenseraient les animaux : lait et sous-produits du lait de la vache, œufs des poules, une truite de temps en temps. Plus tard, des légumes pousseraient dans des serres hydroponiques. Car nous n'avions pas oublié plants et graines. Il fallait tout prévoir, comme papa l'avait répété dix mille fois,

En ce qui concernait les vêtements, inutile de s'encombrer : depuis plusieurs jours, depuis qu'avait commencé le branle-bas de l'embarquement, nous portions tous les trois ce qui devait être notre uniforme de navigation, ces combinaisons vertes, en toile, légères et solides, avec de multiples poches.

Ma principale préoccupation a bien sûr été de trouver quoi emporter parmi tous mes trésors personnels. Beaucoup de CD en tout cas. Et tous les DVD que j'avais gravés depuis trois ou quatre ans : en tout, une bonne centaine de films que je pourrais voir sur le lecteur de l'arche. Et des livres, naturellement, des bien épais. Plus quelques BD — les *Tintin*, des Moebius et le plus beau de mes *Prince Vaillant*. Ah ! ne pas oublier mon matériel de dessin, surtout. Et quelques posters, pour recréer dans ma cabine l'ambiance familière de ma chambre.

Voilà, c'était fait.

Sans trop de douleur, finalement.

Le dernier jour, je suis quand même resté longtemps dans cette chambre maintenant à moitié vide où j'avais passé les quatorze premières années de ma vie. J'aurais pu y demeurer encore dix ans, le temps de terminer ma scolarité, de faire des études (mais lesquelles ? Je n'y avais jamais pensé) et d'aborder, comme on dit, la « vie active ».

Seulement, la pluie était arrivée. Et ma vie active ne ressemblerait en rien à ce que j'aurais pu imaginer.

Sans trop de douleur, ai-je écrit ? Pour quelque chose au moins, c'était faux. En tout cas, la douleur était apparue sans crier gare et, à mesure que les jours ont passé, ces jours ultimes après lesquels aucun retour en arrière ne pourrait être possible, elle n'a fait que croître et s'épanouir, finissant par me comprimer la poitrine dans un étau qui m'empêchait de respirer.

Et puis ce qui devait être le dernier jour est arrivé. Alors j'ai craqué.

—Papa… maman. Est-ce qu'on pourrait emmener une copine ?

7

—Barre à bâbord, crénom d'un chien !

Je me suis arc-bouté sur ladite barre tandis que le père Noé, debout à l'avant de la barge, écartait avec une perche le tronc d'arbre flottant qui avait failli nous percuter.

Il avait été super, mon père. Quand je lui avais posé la question au sujet de la copine — je veux dire au sujet d'Aïcha —, il s'était contenté de secouer les épaules avant de grogner :

—Eh ben dis donc, toi... Il était temps que tu y penses. Ta mère et moi, on commençait à désespérer.

Alors j'ai compris avec un peu de retard, ou beaucoup, que ma question, ça faisait déjà un petit bout de temps qu'il l'attendait. L'arche comportait quatre cabines, n'est-ce pas ?

Alors, sans perdre de temps, nous nous étions jetés à l'eau — et c'était bien le cas de le dire !

—Barre à tribord, bon sang de bois !

Cette fois, j'avais bien failli laisser notre embarcation s'encastrer dans un pan de mur effondré autour duquel le courant créait des remous agités. Nous venions de prendre le tournant à l'angle de la rue des Trois-Portes et de la rue Benjamin-Franklin. Des rues ? Des rivières de boue au cours sirupeux, qui clapotaient entre les façades lézardées des petites maisons grises du quartier. Heureusement qu'il y avait la barge, un simple radeau muni d'un moteur de cinquante centimètres cubes bricolé à partir de ma vieille bécane inutile, et dont nous nous étions servis ces derniers jours pour mener à bien le transbordement dans le jardin inondé.

Seulement, où chercher ? La ville basse, où se trouvait la cité d'Aïcha, est depuis longtemps sous les eaux. Avait-elle eu le temps…

Je n'osais poursuivre ce genre de réflexion. J'essayais de me concentrer sur la barre reliée au moteur pétaradant, qui ne fonctionnerait que pendant une heure au plus, grâce aux deux litres d'essence inopinément trouvés dans un vieux jerricane, au fond du garage.

Nous avons encore tourné deux fois, revenant en direction de chez nous, quand papa a poussé un cri :

— Là !

J'ai levé les yeux, je les ai débarrassés des mèches de cheveux englués qui les recouvraient, et je l'ai vue. Aïcha était bien là, juste en face de nous, au deuxième étage d'une maison littéralement ouverte en deux. Elle était assise au bord du plancher déchiqueté, les jambes dans le vide, devant le décor surréaliste d'une petite chambre d'enfant bleu pastel avec des meubles en bois clair. Elle portait toujours son anorak rouge cerise, et bien entendu elle avait une cigarette au bec. J'ai hurlé :

— Aïcha !

Elle a fait un petit geste et, de la distance où j'étais, il me semble que ses lèvres, bien rouges elles aussi, se sont étirées sur un sourire triste, ou ironique. L'avant de la barge a cogné contre les moellons disloqués. J'ai vu Aïcha prendre appui sur le plancher pour se mettre debout. Une planche a cédé, elle a piqué du nez en battant des bras, mais elle n'a pas pu se raccrocher et elle est tombée tête la première.

J'ai hurlé, j'ai fermé les yeux une seconde ou deux. Quand je les ai rouverts, Aïcha était dans les bras de mon père. Il l'avait attrapée au vol. Oh ! ce n'était sans doute pas un exploit considérable puisque l'étage n'était guère qu'à deux mètres au-dessus de nos têtes, mais quand même, il l'avait fait. Ma poitrine s'est vidée d'un seul coup de toute l'angoisse qu'elle renfermait. Aïcha s'est dégagée des bras de papa. Elle ne semblait pas le moins du monde émotionnée, elle souriait toujours. Elle a tiré de la poche de son anorak un briquet et une cigarette détrempée qu'elle n'a pas réussi à allumer.

J'ai pu enfin sortir quelques mots, pas aussi aimables que je l'aurais voulu :

— Mais qu'est-ce que tu foutais là, espèce de petite… de petite…

J'ai pu m'interrompre avant de prononcer une de ces grossièretés particulièrement malsonnantes en usage au collège. Aïcha a haussé les épaules.

— Ce que je faisais ? J'attendais…

Elle n'en a pas dit plus, mais c'était bien suffisant. Il n'y a pas que mon père à avoir des pudeurs. Et de la fierté.

Nous avons éloigné la barge. Il était grand temps. Au bout de quelques mètres, nous avons vu la maison coupée en deux s'effondrer presque sans bruit et commencer à glisser dans la marée de boue en direction de la plaine.

Deux heures plus tard, tout était terminé. Deux heures plus tard, les portes de l'arche se refermaient sur nous, définitivement. Nous étions à l'abri de la tranquille fureur extérieure, dans cette odeur d'ozone et d'huile chaude, désormais habituelle pour nous, sous la douce lueur blanc rosé des lampes.

—Accrochez-vous ! a commandé mon père. On s'en va.

On s'en va... Trois mots banals, qui se sont incrustés en moi comme des parcelles de métal brûlant. Papa a grimpé dans la cabine de pilotage de *Gaïa*. Parce que c'est ainsi qu'avait été baptisée l'arche : *Gaïa*. Vous connaissez, j'espère ? La personnification de la Terre mère dans la cosmogonie grecque...

Nous l'avons suivi et nous nous sommes installés. Aïcha se tenait à ma gauche, maman à ma droite. Black-and-White et Cherokee étaient sur mes genoux, Étoile et Soleil, les deux setters, s'étaient sagement assis aux pieds de ma mère.

Et le sifflement modulé du générateur à fusion froide s'est fait entendre dans les profondeurs de l'arche tandis que le ponton frémissait sous nos pieds.

Alors papa a pris la parole :

—La Terre, vous le savez, est mal partie. Combien de temps cette pluie tropicale va-t-elle durer ? Un an ? Dix ans ? Cent ? Qui peut le dire ? En conséquence, de combien de mètres, ou de centaines de mètres, l'eau va-t-elle monter ? Cela non plus, personne ne peut le dire. Pas plus ce qui se passera quand les pluies cesseront. Il est possible que la

Terre, isolée des rayons du soleil par le bouclier de nuages, finisse par se refroidir. Que toute cette eau gèle et que notre planète connaisse un nouvel âge glaciaire, ou en tout cas une longue période de froid, comme celle qui a succédé à l'extinction des dinosaures après la chute d'une gigantesque météorite. Mais il se peut aussi que, une fois l'atmosphère débarrassée des gaz à effet de serre, le cycle des saisons se remette en route. Je ne sais pas. Personne ne peut le savoir. Combien d'hommes survivront ? Beaucoup, je pense, car notre espèce a la vie dure. Néanmoins, beaucoup mourront, et ceux qui survivront auront à affronter des conditions bien dures, dans un environnement entièrement nouveau…

Papa se tait un instant, je sens sa patte d'ours se poser sur mon épaule.

—Je ne sais pas si j'ai fait le bon choix. Je me dis parfois que j'aurais pu apporter mes connaissances aux autorités… s'il en reste. Aider les survivants à bâtir des embarcations comme celle-ci ou des cités protégées. Mais je préfère croire que cela aurait été illusoire, et que ma conduite n'a pas été dictée par l'individualisme, ou l'égoïsme. En tout cas, c'est mon choix, et je ne le renie pas. J'espère, pour nous quatre, qu'il se révélera le meilleur. Quelque part, à mille kilomètres d'ici, ou à dix mille, nous trouverons un endroit où nous pourrons nous établir en sécurité, j'en suis sûr. Sur les flancs d'une montagne. Peut-être en Asie centrale. Peut-être en Afrique. Nous avons toute une nouvelle vie devant nous pour le savoir. D'accord, Chlo ?

Pour seule réponse, ma mère a appuyé sa joue sur celle de mon père.

— D'accord, Aïcha ? Entre parenthèses, et pour que nous n'y revenions plus, ce serait bien si tu cessais de fumer…

J'ai entendu son rire clair, cette fois sans trace d'ironie ou de défi. Mon père a baissé la tête vers moi et a ajouté :

— D'accord, Sébastien ?

Tiens ! il se souvenait de mon prénom. C'était de bon augure. Juste à cet instant, alors que l'arche se frayait un chemin à travers les ruines que son étrave bousculait, une mince bande azurée est apparue dans une déchirure des nuages brassés par les vents d'orage. Oh ! ça n'a pas duré longtemps. Mais quand même, nous avons tous vu, l'espace de quelques secondes, l'ouate sombre libérer l'éclat de ce ciel nu que nous aurions cru étouffé à jamais.

Je ne peux m'empêcher de croire qu'il s'agit d'un bon présage.

La Compagnie de l'Air

Christophe Lambert

Christophe Lambert est né en 1969 en région parisienne. Il a suivi des études de cinéma, réalisé des courts-métrages et dirigé des ateliers vidéo dans des collèges.

Il débute en 1996 avec Sitcom en péril, *un polar pour la jeunesse plein d'humour, mais se tourne très vite vers la science-fiction, son genre de prédilection, avec* La Nuit des mutants *(1997), pour lequel il obtient le prix Ozone et* Meurtres à 30 000 km/s *(1998). Avec* Titanic 2012 *(1999) et* Les étoiles meurent aussi *(2000), publiés hors collections jeunesse, il démontre qu'il n'a pas l'intention de se limiter à une tranche d'âge.*

Christophe Lambert est un habitué de la collection « Autres Mondes ». La force de ce jeune auteur est qu'il intéresse tous les publics, les jeunes comme les moins jeunes, avec des romans dynamiques, intelligents, variés et pleins de suspense, portés par une écriture volontiers cinématographique. Au fil du temps, l'inspiration est devenue plus grave (sans doute le poids de la paternité !). Ainsi, Christophe Lambert a traité de la colonisation de la planète rouge dans Le Souffle de Mars *(2001), du clonage social dans* Clone connexion *(2002) et du déterminisme historique dans l'étonnant western SF* Souviens-toi d'Alamo ! *(2002), avant de s'attaquer aux sectes dans* Petit Frère *(à paraître en septembre 2003).*

Au-delà du signal d'alarme que tire Christophe Lambert à propos de la pollution atmosphérique dans les mégalopoles, La Compagnie de l'Air *dénonce les risques d'une société où les besoins vitaux de l'homme sont soumis aux lois du marché et plaide pour la reconnaissance du concept des biens publics mondiaux (BPM).*

Dans son édition du 26 juin 2002, *Libération* rend compte des résultats du programme de surveillance « air et santé » mené par le département santé-environnement de l'Institut de veille sanitaire dans neuf villes de France (Bordeaux, Le Havre, Lille, Lyon, Marseille, Paris, Rouen, Strasbourg et Toulouse) :

« Chaque année, des milliers de décès peuvent être attribués à la pollution atmosphérique. C'est officiel, confirmé et même chiffré [...]. Onze millions de personnes surveillées. Et au final, chaque année, 2 786 décès "*anticipés*" peuvent être attribués aux pics de pollution dans l'ensemble de ces neuf villes. 1 097 pour la mortalité cardio-vasculaire et 316 pour la mortalité respiratoire [...]. Les décès anticipés ne seraient sans doute pas survenus un jour sans pollution. »

Qu'entend-on par « biens publics mondiaux » (BPM) ?

« Ils sont une sorte de plus petit dénominateur commun de droits dont aucun humain ne devrait, en principe, être privé. Leur définition peut être restrictive : accès à l'eau potable, à un air pur, à une Terre préservée. Ou plus large : santé publique, éducation, sécurité alimentaire [...] Contre une mondialisation dérégulée, le concept des BPM peut permettre de repenser les outils de coopération et le rôle de la solidarité internationale. Ils sont aussi un nouveau levier politique pour tenter de lutter contre la privatisation des ressources naturelles. »

(*Libération* – Dossier Johannesburg, 26 août 2002)

à G.J. Arnaud et
à sa Compagnie des Glaces, *bien sûr...*

Le nuage de pollution reposait sur la ville, pareil à une couette de duvet grise et épaisse.

Shû Kishida contemplait ce triste spectacle depuis la fenêtre de son appartement. L'analyseur d'air, un boîtier fixé à l'extérieur, indiquait les chiffres du matin : un taux déjà élevé d'ozone (résultant de l'exposition à la lumière solaire du dioxyde d'azote et des hydrocarbures VOCs[1]), beaucoup d'oxydes d'azote, du dioxyde de soufre, du monoxyde de carbone, des particules en suspension et une pincée de plomb pour faire bonne mesure. Pas de quoi vous tuer sur le coup, mais le cocktail était suffisamment nocif pour entraîner de graves problèmes respiratoires. Une étude récente avait prouvé que les gens trop imprudents (ou surtout trop pauvres) qui s'aventuraient dehors sans masque à air voyaient leur espérance de vie diminuer de moitié. Les cas de maladies pulmonaires, d'asthme ne se comptaient plus au sein de la population des bas quartiers.

1. VOCs : composés organiques volatils. Ce sont des produits chimiques à base de carbone qui se vaporisent aisément à température ambiante.

Chaque jour, Kishida se demandait : *Comment en est-on arrivé là ?* Il ne parvenait pas à trouver une réponse complètement satisfaisante.

Kyoto et Tokyo avaient fusionné un quart de siècle plus tôt donnant ainsi naissance à Kyo2, une mégalopole de cent millions d'habitants. D'accord, on pouvait difficilement regrouper autant d'êtres humains au mètre carré sans conséquences, mais cela n'expliquait pas tout. Apparemment conscientes du danger représenté par l'escalade de la pollution, les autorités s'étaient mobilisées. On avait pris des mesures : contrôle technique des véhicules, circulation réglementée, etc. Le ministère de l'Environ-nement affirmait investir des sommes considérables dans la recherche sur les essences « reformulées » ou sur le moteur à hydrogène. Et, malgré tous ces efforts, l'infect brouillard, le *smog*, grossissait chaque année.

Les seuls qui y trouvaient leur compte, en définitive, c'étaient les dirigeants de Yi-Yendi, la compagnie spécialisée dans le créneau de l'air en boîte ! Les cartouches que vous glissiez dans votre masque à air avant de sortir ? Yi-Yendi ! Les systèmes de ventilation qui filtraient l'air du dehors pour le réinjecter, pur et délicatement parfumé, à l'intérieur de votre appartement ? Encore Yi-Yendi ! Autant dire qu'ils faisaient des affaires, ceux-là. Shû Kishida était bien placé pour le savoir : il travaillait pour eux.

Une pensée terrible lui vint à l'esprit : *Et si les pontes de Yi-Yendi soudoyaient les politiciens pour qu'ils fassent piétiner les recherches ?*

Pourquoi pas ? Après ce qu'il avait découvert sur les

pratiques de ses patrons, la chose paraissait tout à fait envisageable. Et cela expliquerait l'incurie du gouvernement. Un marché aussi énorme que celui de la pollution ne pouvait qu'attiser l'appétit des squales de la finance et de la politique.

Kishida était un petit homme de cinquante ans, d'un naturel calme et pondéré ; mais en cet instant précis il sentait la colère bouillonner dans ses entrailles.

Shû Kishida était né en 1991, à une époque où l'on pouvait encore se promener sans respirateur collé sur le nez. Il gardait de son enfance un souvenir magique, en particulier lorsque les cerisiers fleurissaient au printemps. Mais, bien vite, la pollution urbaine avait atteint des sommets. Passionné par les ordinateurs dès son plus jeune âge, Kishida avait fait de brillantes études. Une multinationale lui avait mis le grappin dessus dès sa sortie de la prestigieuse université de Tokyo. Il s'était petit à petit spécialisé dans les *firewalls,* ces protections virtuelles destinées à vous prémunir du piratage informatique. En 2019, il avait perdu son poste, victime comme tant d'autres de la Grande Récession économique. Des années noires avaient suivi car, en plus de ses propres besoins, Kishida devait subvenir à ceux de sa femme et de son fils. Les dettes et les factures impayées s'empilaient. Conséquence : après l'eau et l'électricité, Yi-Yendi leur avait coupé l'air pur. En 2022, à l'issue d'interminables quintes de toux, Kumiko, la douce et fragile épouse de l'informaticien, s'était éteinte. Plus résistants, le petit garçon et son père avaient survécu jusqu'à ce que celui-ci retrouve un emploi, en 2025. Ironie du sort : une place se libérait chez les architectes du réseau intranet Yi-Yendi. La paye était correcte, et l'air en boîte gratuit ! Kishida avait sauté sur l'occasion.

Jamais plus mon fils ne manquera d'air pur, s'était-il juré.

À cette époque, il n'éprouvait aucun ressentiment à l'égard de Yi-Yendi. Il se considérait comme le seul responsable de la mort de sa femme. Le système était sans pitié, d'accord, mais on devait faire avec. Il estimait avoir failli à ses devoirs de chef de famille, et ne se trouvait aucune excuse. La culpabilité le rongeait.

Guidé par le cours de ses pensées, il tourna la tête et posa son regard sur une vieille photo. Elle trônait au-dessus d'un coffret en bois noir laqué, encadrée par deux cierges.

Tetsuo… songea l'informaticien, la gorge serrée.

Sur la photo, son fils ne devait guère avoir plus de vingt ans. Il posait en souriant, revêtu d'un « uniforme » fait de bric et de broc : un protège-nuque en cuir, une ceinture crochetée par des mousquetons d'alpiniste, de gros gants, le dessus des chaussures recouvert de boîtes de conserve découpées… Cet attirail hétéroclite le cuirassait lors de ses incursions quotidiennes dans la mégadécharge d'ordures qui ceinturait la ville. Tetsuo travaillait pour Yi-Yendi, lui aussi. Il appartenait aux Rats-Runners, des mercenaires payés pour découvrir le repaire des hommes-rats.

Payés pour courir après le vent ? En effet, le mystère des hommes-rats ressemblait fort à un conte à dormir debout. Qui étaient-ils réellement ? D'où venaient-ils ? Personne ne le savait. Ils semblaient aussi insaisissables que le yéti ou le monstre du loch Ness. Parfois, les chats dressés par les Rats-Runners découvraient des campements abandonnés, quelques objets artisanaux d'origine inconnue, mais c'étaient les seules preuves tangibles d'une civilisation cachée. La rumeur prétendait que les hommes-rats vivaient sans masque à air : leurs poumons auraient muté au cours des années, s'adaptant peu à peu à la pollution.

Mais si cette légende se basait sur un fond de vérité, alors, là, les hommes-rats représentaient un intérêt certain pour la compagnie de l'air en boîte. En d'autres termes, ils étaient potentiellement la clé du plus grand problème de santé publique de ce siècle. Une fois leur métabolisme disséqué, peut-être pourrait-on inventer (et surtout breveter) des traitements permettant de respirer le smog sans effets secondaires. Après le monopole de l'air, Yi-Yendi aurait le monopole des médicaments, le monopole de la vie.

Payer pour survivre, voilà ce qui attend l'humanité...

Shû Kishida ne se faisait plus aucune illusion sur la boîte qui l'employait.

Il retourna à son bureau et s'assit devant son comput. Ses doigts couraient sur le clavier virtuel avec la vélocité de ceux d'un pianiste. Des reflets de chiffres, des lignes codées défilaient sur son visage glabre.

Il allait venger Kumiko et Tetsuo, mais il le ferait avec ses armes à lui.

D'un doigt rageur, il appuya sur l'icône de confirmation, validant par ce geste l'envoi du virus qu'il venait de programmer. Le destinataire de ce « cheval de Troie » des temps nouveaux n'était autre que l'intranet de la société Yi-Yendi.

Puis l'informaticien enfila son pardessus et sortit.

Shû Kishida marchait dans la rue. La cartouche engagée sous le groin translucide de son masque à air était « Brise de mai au pied du mont Fuji », la meilleure vente de Yi-Yendi en 2040. Bien sûr, l'air en question ne provenait absolument pas du mont Fuji (cerné depuis longtemps par un bidonville géant), mais des usines de la mégacorpo, où des chercheurs travaillaient nuit et jour à l'élaboration d'arômes inédits.

Kishida croisait beaucoup de monde. Ces silhouettes incertaines se frôlaient sans se regarder. La plupart des gens avaient un respirateur, cependant une bonne moitié des piétons se contentaient d'un masque de chirurgien ou d'un simple mouchoir. L'informaticien était triste. Cela lui faisait mal au cœur de voir des gosses hauts comme trois pommes ainsi exposés à la pollution…

Perdu dans ses pensées, il bouscula une vieille femme qui poussait un chariot plein de détritus.

— Pardon, madame.

La femme l'insulta entre deux accès d'une toux grasse. Elle employait le sabir des bas quartiers, un langage qui mélangeait allégrement le japonais, l'anglais et le chinois.

Kishida poursuivit son chemin, en prenant garde

cette fois de ne heurter personne. Les seules choses que l'on distinguait sans équivoque au milieu de la purée de pois, c'étaient les enseignes lumineuses des magasins, à la calligraphie soignée, et surtout les écrans de télévision aqualides. Ils flottaient dans les airs, omniprésents, diffusant vingt-quatre heures sur vingt-quatre des programmes débilitants entrelardés de spots publicitaires, sans parler des messages subliminaux qui s'adressaient directement à votre inconscient.

Kishida passa devant une boutique de jeux 3D qui badigeonnait le brouillard de couleurs psychédéliques. La façade proclamait, en lettres incandescentes :

WE PAY YOU TO PLAY $$$$$$$$$$$$ WE PAY YOU TO PLAY

Et c'était vrai. « Nous vous payons pour jouer. » Du moins en ce qui concernait la première partie. Mais Kishida faisait confiance aux propriétaires des lieux pour se rattraper sur les parties suivantes. Il jeta un œil apitoyé aux adolescents isolés du monde réel dans leurs casques virtuels ou leurs caissons holographiques. Pouvait-on vraiment les en blâmer ? Après tout, ce monde réel n'avait plus grand-chose à leur offrir depuis longtemps.

Il faudrait un électrochoc pour réveiller les consciences, songea l'informaticien.

Deux blocs plus loin, Kishida passait au pied d'une grande tour, la Takahashi Tower, lorsque quelque chose fendit l'air pollué en sifflant.

— Attention ! cria un passant.

L'informaticien fit d'instinct un petit bond de côté.

Un objet rond, gros comme une balle de golf, rebondit à sa droite et roula jusqu'à une bouche d'égout, qui l'avala aussitôt. Kishida, intrigué, leva les yeux vers la façade de la tour. L'édifice était squatté par des milliers de sans-logis. Sans doute les enfants trouvaient-ils amusant de bombarder ainsi les piétons.

—Vous allez finir par blesser quelqu'un, un jour ! gronda Kishida en agitant le poing vers les étages supérieurs.

La Takahashi Tower était, disait-on, le plus grand édifice de Kyo2. Autrefois le siège d'une entreprise prospère, ce bâtiment avait vu ses locaux se vider après la Grande Récession économique. Puis les squatters s'étaient emparés des lieux. Le gouvernement avait fait couler du béton dans les puits d'ascenseur et murer les cages d'escalier pour isoler le dernier tiers de la tour. Les raisons motivant cette décision restaient obscures. On disait que les autorités avaient voulu bloquer l'accès à un laboratoire de la secte Aum (démantelée en 2029) où l'on fabriquait des armes chimiques, dont le tristement célèbre gaz sarin qui avait déjà fait des ravages à la fin du siècle dernier.

Une autre rumeur avançait que les dirigeants (politiciens, financiers et grands capitaines d'entreprise réunis) se réservaient le sommet pour leur usage. En effet, on prétendait que le plafond de la Takahashi Tower crevait l'épaisse couche de *smog*, flottant comme une île paradisiaque au-dessus d'une mer de nuages. Comment vérifier ? De nombreux citoyens avaient essayé d'escalader l'édifice, histoire d'en avoir le cœur net. Presque tous s'étaient écrasés au sol, ou bien avaient renoncé à mi-parcours. Les trois seuls grimpeurs qui n'étaient pas redescendus d'une façon ou d'une autre n'avaient jamais plus donné signe de vie. Un florilège d'hypothèses circulait parmi la population. Les trois courageux explorateurs coulaient-ils à présent des jours paisibles dans l'unique endroit de la ville où l'on pouvait se passer de masque à air ? Avaient-ils été emprisonnés, voire exécutés ? Dévorés par un ryu, le mythique dragon issu du folklore japonais ?

Hommes-rats, île en plein ciel, autant de légendes urbaines, de fantasmes, qui exprimaient la nostalgie d'une époque (à jamais révolue ?) où l'homme pouvait assouvir sans entraves le plus primaire de ses besoins : respirer !

Kishida en était à ce stade de ses réflexions lorsqu'il arriva sur l'esplanade du complexe Yi-Yendi, un immense bâtiment en forme de fer à cheval (enfin, c'était la forme de la jolie maquette exposée dans le hall d'entrée ; de l'extérieur, on ne distinguait pas grand-chose...).

L'informaticien enleva son masque et se présenta directement au guichet principal :

—Bonjour, je suis Shû Kishida. J'ai rendez-vous avec monsieur Hashimoto.

—Un instant, s'il vous plaît, demanda l'hôtesse aux traits agréables, soulignés par un maquillage discret.

Appuyant sur un petit bouton, elle lança :

—Monsieur Hashimoto ? J'ai monsieur Kishida, pour vous, à l'accueil...

— Qu'il monte, fit une voix rauque, entre deux halètements.

La jeune femme relâcha le bouton en souriant.

— Tenez, voici votre badge. Le bureau de monsieur Hashimoto est au dernier étage.

— Merci, dit Kishida avec un mouvement de tête.

Il s'éloigna en direction d'un trio de turbo-élévateurs. La porte de celui du milieu se referma sur lui, et l'ascension commença. Il avait pris rendez-vous avec Hashimoto quatre mois plus tôt. Le grand patron de Yi-Yendi mettait un point d'honneur à recevoir lui-même n'importe lequel de ses subalternes, du cadre au balayeur, sans discrimination, du moment que l'un d'eux sollicitait une entrevue. C'était ce que promettaient les spots de communication interne qui passaient en boucle sur les computs du personnel, et Kishida avait été agréablement surpris de constater qu'il ne s'agissait pas de paroles vaines. Bien sûr, il ne fallait pas être pressé, mais le P-DG de Yi-Yendi respectait son engagement. Tous les matins, après sa séance de mise en forme et juste avant d'attaquer la journée de travail, il rencontrait l'un de ses employés pour discuter avec lui durant dix minutes chrono.

L'ascenseur s'immobilisa et la porte glissa de côté, livrant le passage à l'informaticien. Ce dernier fut fouillé par deux vigiles avant d'accéder au bureau du maître des lieux.

— Entrez, n'ayez pas peur, jeta Hashimoto.

La pièce était très grande. Deux cents mètres carrés, au moins. Le bureau lui-même se trouvait à l'autre bout. Il y avait une vaste baie vitrée, sur la gauche, mais ce n'était pas le plus impressionnant (après tout, elle ne donnait que sur un stupide brouillard gris).

Kishida resta un instant bouche bée devant l'écran géant à matrice active qui occupait tout le mur du fond. Incurvé, il diffusait des images criantes de réalisme d'un sentier forestier, bucolique à souhait. Les rayons du soleil jouaient dans les feuillages, produisant une lumière dentelée. On entendait des merles et des mésanges qui pépiaient gaiement en tétraphonie. Des effluves chargés de l'odeur des pins et de l'humus frais montèrent aux narines de Kishida, et il crut reconnaître « Sous-bois vosgien après la pluie », un des produits les plus récents de la gamme Yi-Yendi.

Akira Hashimoto, en jogging et tee-shirt mouillé de sueur, courait sur un tapis roulant mécanique. Il faisait face à l'écran géant, qui l'immergeait totalement parmi les arbres projetés. Des chiffres incrustés dans un coin de l'image indiquaient les kilomètres parcourus, la température de la salle ainsi que le rythme cardiaque du *big boss.* Celui-ci aboya « Stop ! », et le tapis s'arrêta en douceur.

Hashimoto se retourna. Il avait approximativement le même âge que son employé, mais davantage de cheveux blancs. Il était aussi plus grand, plus athlétique que Kishida. On voyait qu'il entretenait son corps avec soin. Attrapant au passage une serviette, il se fendit d'un sourire préprogrammé :

— Bonjour, monsieur Kishida. Je suis très honoré de faire votre connaissance. J'ai lu votre dossier et je note avec plaisir que Yi-Yendi n'a eu qu'à se féliciter de vos services ces dernières années.

L'informaticien s'inclina légèrement.

— J'ai fait mon travail du mieux possible, dit-il avec sobriété.

Le P-DG hocha la tête :

— Venez vous asseoir.

Ils prirent place de part et d'autre du bureau en bois de merisier (un arbre qui avait disparu depuis un quart de siècle).

— Désirez-vous boire quelque chose ? s'enquit Hashimoto.

— Non, merci.

Il y eut un silence.

Comprenant que Kishida ne voulait pas (ou n'osait pas) faire le premier pas, le grand patron demanda :

— Alors, cher monsieur Kishida, que puis-je pour vous ?

— Dire la vérité, répondit du tac au tac son invité.

Hashimoto leva un sourcil interrogateur.

— Qu'entendez-vous par là ?

— Je sais ce que vous mettez dans votre air en boîte.

Le *big boss* ne laissa rien paraître de ses sentiments. En homme d'affaires rôdé, il savait cacher son jeu. Mais il n'avait pas pensé à tout... à retirer ses capteurs, par exemple. Du coin de l'œil, Kishida remarqua un détail intéressant. Les chiffres incrustés dans l'écran géant s'affolèrent, indiquant que le rythme cardiaque de son interlocuteur montait en flèche.

J'ai fait mouche, on dirait.

— Pourriez-vous être plus explicite ? questionna Hashimoto après dix secondes de réflexion.

— Tout à fait. Il y a six mois, alors que j'installais un

firewall dans l'intranet de notre usine de Sagami, je suis tombé sans le vouloir sur un dossier mal protégé… mais très instructif. Il s'agissait d'un rapport… Le rapport Ogumi, pour être plus précis. Cela vous dit quelque chose ?

—Non. Pas du tout.

—Alors permettez-moi de vous rafraîchir la mémoire. Le professeur Ogumi a réalisé pour vos services une enquête top-secret sur les « drogués de l'air », ces personnes qui vident d'un coup le contenu des cartouches Yi-Yendi dans leurs poumons, en ouvrant au maximum la valve du respirateur.

—Des accidents regrettables.

—Laissez-moi finir. Savez-vous que le nombre de ces drogués a décuplé en cinq ans ?

Hashimoto haussa les épaules :

—Que voulez-vous que j'y fasse ? Nous fabriquons les cartouches et nous mettons de l'air pur dedans, avec juste un soupçon d'arôme. C'est tout. Nous ne sommes pas responsables de l'utilisation qu'en font les gens, pas plus qu'un constructeur automobile n'est responsable des chauffards quand ils grillent les limitations de vitesse. D'ailleurs, il est bien stipulé sur nos produits : « L'abus d'oxygène est dangereux pour la santé. »

Kishida était écœuré par tant d'hypocrisie. Laissant sourdre son dégoût, il martela :

—Ce qui n'est pas inscrit, c'est la présence de l'Euthimal polydichlorique.

Cette fois, il n'eut pas besoin de regarder l'indicateur du rythme cardiaque pour voir qu'il avait marqué un point. Le visage du P-DG vira au vert clair presque instantanément.

—Je… je ne vois pas de quoi vous parlez ! s'offusqua-t-il.

—Je parle de cet additif que vous glissez illégalement dans les cartouches. En doses infimes, bien entendu.

—Où voulez-vous en venir, monsieur Kishida ?

—L'Euthimal monte directement au cerveau et crée une dépendance. Vous rendez la population accro à l'air estampillé Yi-Yendi ! De cette façon, si jamais d'autres sociétés s'avisaient de produire de l'air en boîte, vous garderiez quand même le monopole ! C'est très ingénieux… Le hic, c'est que certaines personnes sont hypersensibles à l'Euthimal, et elles ont commencé à se shooter littéralement ! Je sais de quoi je parle. Mon fils était l'un de ces pauvres bougres. Il a succombé à une overdose d'« Embruns du cap Horn ».

Hashimoto se tortillait dans son fauteuil, mal à l'aise.

—Je comprends votre douleur, grommela-t-il, mais je crois qu'elle vous égare.

—J'ai des documents, contre-attaqua son employé. Le dossier Ogumi était très complet, très bien fait. Dommage que le professeur ait péri dans le crash de son avion il y a deux mois.

—Les transports aériens ne sont plus ce qu'ils étaient, rétorqua le patron de Yi-Yendi sur un ton cauteleux.

Les deux hommes se mesurèrent du regard, cherchant mentalement à percer les défenses de l'adversaire.

—Vous avez mis quelqu'un d'autre au courant de

vos… divagations ? soupira Hashimoto après un long moment.

— Non. Pas encore. J'attendais le résultat de cette entrevue.

— Qu'est-ce qui me le prouve ?

— Je suis un homme d'honneur. Moi.

Nouveau silence, terrible, lourd de sous-entendus.

— Combien voulez-vous ?

— Je ne veux qu'une chose : votre tête.

Contre toute attente, le P-DG explosa de rire :

— Ha, ha, ha ! Un samouraï sans peur et sans reproche ! Il ne nous manquait plus que ça… Allez, arrêtez ce cinéma et dites-moi votre prix.

— Vous allez retirer l'Euthimal des cartouches, faire un communiqué aux médias, donner votre démission et vous mettre à la disposition de la justice ?

— Rien que ça ?

Le masque impassible du *big boss* s'effritait. Il avait les yeux injectés de sang, et ses lèvres se retroussaient en un rictus haineux.

— Monsieur Hishida, commença-t-il, je me suis trompé sur votre compte. Vous n'êtes pas un samouraï, vous êtes un kamikaze ! Vous savez à qui vous vous attaquez ?

— Oui.

— Vous savez que vous ne faites pas le poids ?

— Oui.

— Alors ?

— Je fais ce qui doit être fait. Si elle change ses pratiques honteuses, et si vous vous sacrifiez sur l'autel des médias, Yi-Yendi pourra peut-être survivre au scandale.

— Je crois que vous surestimez la capacité à s'émouvoir de nos concitoyens.

— Peut-être... Peut-être pas... En tout cas, si je sors d'ici sans vos aveux signés, je file directement aux studios de Nova Network. Je suis persuadé que les journalistes se feront une joie d'écouter mon histoire, et surtout de lire les documents que j'ai avec moi et que je tiens à leur disposition.

Un froid glacial, qui n'avait rien à voir avec un dérèglement de la ventilation, envahit la pièce.

— Sortez, cracha Hashimoto, blanc de rage. Nous n'avons plus rien à nous dire.

Hishida se leva et prit congé.

Dans ses grandes lignes, l'entretien s'était déroulé comme prévu. Une fois qu'il se retrouva claquemuré dans l'ascenseur, la tension se relâcha d'un coup. L'informaticien réalisa qu'il tremblait comme l'aiguille d'un sismographe pendant une secousse tellurique.

Je viens de signer mon arrêt de mort, pensa-t-il en déglutissant avec difficulté.

Il avait donné à son patron la possibilité de clore cette affaire dans l'honneur. Le P-DG n'avait pas saisi la perche. Tant pis pour lui. Tant pis pour tous les deux.

Hishida enfila son masque et sortit dans la rue. Le brouillard l'avala. Il marchait droit devant lui, sans se retourner ni même jeter un œil de côté. Il se sentait libéré d'un poids. L'abcès était crevé.

Quand il traversa la chaussée, il ne vit pas la turbocar surgir des volutes opaques. La voiture le percuta de plein fouet. Il rebondit sur le pare-brise, qui s'étoila, et atterrit sur le trottoir d'en face. L'engin ne freina pas, s'arrêta encore moins. Il disparut dans les limbes du nuage gris foncé, pareil à un monstre de cauchemar.

L'informaticien gisait, cassé en deux. Il crachait du sang. Sa cage thoracique était défoncée.

Ils n'ont pas perdu de temps, songea-t-il.

Il n'était pas triste. Là aussi, tout se déroulait comme il l'avait prévu. Il espérait que, dans l'autre monde, sur les rives d'une terre paisible, il retrouverait sa femme, morte du manque d'air Yi-Yendi, et son fils, mort pour en avoir trop respiré.

Kumiko... Tetsuo... J'arrive...

Sa dernière pensée fut pour le « cheval de Troie », ce virus qu'il avait envoyé juste avant de quitter son appartement. Il eut un petit rire qui provoqua un hoquet sanglant. Il avait enregistré son témoignage en holo numérique. Ce document était assorti de graphiques et de fichiers officiels volés dans les dossiers de Yi-Yendi. Le clip ne durait que cinq minutes, mais il était édifiant. Projeté sur tous les écrans aqualides de la mégalopole, il allait faire l'effet d'une bombe ! Le plus ironique de l'histoire était qu'Akira Hashimoto en personne allait déclencher cette diffusion, sans le savoir. Kishida avait relié le comput de son patron aux réseaux de la chaîne Nova Network. Dès que le *big boss* effleurerait l'icône « Enter » de son écran RV, la machination infernale se mettrait en branle ! Dans quelques secondes, quelques minutes au maximum, tous les habitants de Kyo2 connaîtraient la terrible vérité...

Les consciences ont besoin d'un électrochoc.

Il mourut, alors qu'un groupe de badauds se regroupait autour de lui.

*

* *

—Alors ? grogna Hashimoto, les nerfs en pelote.

—*Mort*, fit une voix sans timbre à l'autre bout de la ligne.

—Il n'avait rien sur lui ? Aucun document ?

—*Non, rien. On l'a fouillé dans l'ambulance.*

—Très bien.

Hashimoto jubilait.

Il bluffait, songea-t-il. *Ce fou suicidaire bluffait !*

Il coupa la communication et se rencogna dans le dossier de son fauteuil. Yi-Yendi et lui, par la même occasion, étaient sauvés. Le scandale n'allait pas éclater. L'autre parasite éliminé, une nouvelle journée de travail fructueuse s'annonçait. Et ce soir, un golf avec le ministre de l'Environnement, tout en haut de la Takahashi Tower, lui ferait le plus grand bien.

Akira Hashimoto soupira d'aise et toucha l'icône « Enter » qui palpitait sur son écran.

Les Chiens de Mer

Danielle Martinigol

Danielle Martinigol est née pendant les vendanges 1949, au cœur des grands vignobles bourguignons. Enseignante depuis 1972, elle quitte la Bourgogne en 1979 pour un poste en région parisienne. Elle y reste dix-huit ans avant de revenir dans le Beaujolais. Elle enseigne désormais à Mâcon.
Fan de science-fiction depuis l'âge de onze ans, elle décide d'écrire — tout d'abord pour ses deux enfants et ses élèves — un roman de science-fiction, L'Or bleu *(1989). Suivront* Les Soleils de Bali *(1993),* Les Oubliés de Vulcain *(prix de la PEEP et prix Tam-Tam 1995) et* Les Abîmes d'Autremer *(grand prix de l'Imaginaire 2002).*
En collaboration avec Alain Grousset, elle publie en 1994, sous le pseudonyme de Kim Aldany, Les Mange-Forêts *(qui, vu le succès, deviendra la série* Kerri et Mégane*), puis, sous leur double nom,* L'Enfant-Mémoire *(1996).*
Très préoccupée par le devenir de notre planète, Danielle Martinigol utilise l'imaginaire de science-fiction pour sensibiliser les jeunes aux questions écologiques. Ainsi, L'Or bleu *traite de la guerre de l'eau sur une Terre future où la Méditerranée a été asséchée,* Les Oubliés de Vulcain *se passe sur une planète-poubelle et* Les Abîmes d'Autremer *aborde la relation homme-animal.*
Avec Les Chiens de mer, *Danielle Martinigol revient sur la question cruciale de la pénurie d'eau douce, une pénurie proche, très proche…*

« Selon le Secrétariat international de l'eau, les réserves mondiales se montaient à 16 800 m^3 par personne et par an en 1950. Aujourd'hui, elles atteignent 7 300 m^3 et devraient tomber à 4 800 m^3 dans vingt-cinq ans. En moyenne. Car trois milliards de personnes ne disposeront que de 1 700 m^3 d'eau par an, "seuil d'alerte" pour l'ONU. »

(*Menaces sur l'eau* –
Hors Série *Science et Vie*, juin 2000)

« On estime que 3,4 millions de personnes, des enfants pour la plupart, meurent chaque année de maladies liées à l'eau. Parmi elles, 2,2 millions sont victimes de formes de diarrhées (dont le choléra) dues à une eau sale. »

(*Phosphore*, août 2002)

« Selon des experts, l'eau va devenir la principale source de conflits régionaux dans le monde. Motif : 269 rivières et fleuves sont partagés par au moins deux pays. »

(*Libération* – Dossier Johannesburg,
26 août 2002)

« L'eau est un bien commun appartenant à l'humanité. La préservation de l'eau pour le futur est une responsabilité collective mondiale. »

(Ricardo Petrella, conseiller à la Commission
européenne – *Messages*, septembre 2002)

Quand l'alarme retentit dans la nuit, le sort de l'*Offertus* était déjà scellé. L'aqualier, un bateau flambant neuf de trois cent cinquante mètres de long, transportant cinq cent mille tonnes d'eau douce, fut arraisonné en dix minutes. Le système d'alerte avait réagi trop tard. Défaillance technique, concluraient les experts. Super matos de brouillage, se féliciteraient les pirates.

Le sillage provoqué par le périscope du sous-marin ennemi aurait pu témoigner de la présence à fleur d'eau du submersible, mais, sur l'aqualier, personne ne regardait les écrans de contrôle. L'heure avait été bien choisie pour l'attaque : la finale du Mondial 2026 accaparait toute l'attention de l'équipage, agglutiné devant l'holoécran mural du mess.

Le capitaine de l'*Offertus* eut juste le temps de tirer un coup de feu sur un des Chiens de Mer avant de se faire trancher la gorge par un autre pirate surgissant dans son dos. Vingt-quatre corps (ceux des membres d'équipage de l'aqualier) finirent dans une gerbe d'écume au large des îles Kuria Muria, en mer d'Arabie. Le vingt-cinquième fut jeté à l'eau quelques heures plus tard. Il s'agissait de l'homme atteint par le capitaine. Il n'avait pas survécu à sa blessure.

Les Chiens de Mer ne laissaient pas de traces.

À Bombay, à mille kilomètres du lieu de l'abordage de l'aqualier, Lucius avait suivi l'attaque de l'*Offertus* en direct sur son ordinateur grâce à la webcam frontale de Silten, le chef du commando.

— L'aqualier est à nous, déclara Lucius. Silten l'amène au lieu de rendez-vous prévu.

— *Bien*, répondit laconiquement une voix au téléphone.

— Et ensuite ?

Son mystérieux correspondant, qu'il ne connaissait que sous le nom de Fatum, laissa Lucius dans l'attente, juste le temps nécessaire pour que l'angoisse lui monte à la gorge. Et s'il ne faisait plus confiance aux Chiens de Mer ?

— *Je vous contacterai pour une prochaine opération.*

Il raccrocha.

Lucius poussa un soupir de soulagement, puis il sourit en pensant qu'il allait pouvoir, en attendant, s'occuper de ses propres affaires. Une occasion en or se présentait ce week-end de se faire un paquet de fric et de démontrer que les Chiens de Mer étaient les meilleurs pirates du XXIe siècle. Et tout ça grâce à cette petite gourde de Tarah…

*

* *

Tarah gardait obstinément les yeux braqués en direction du hublot. Le sifflement des réacteurs, combiné au bruit des pales de l'hélijet, la dispensait de faire la conversation à son voisin et c'était tant mieux. Elle était en colère depuis le matin et n'avait nullement envie de bavarder avec le jeune cadre de la compagnie Hydror qui s'était installé à ses côtés. Le garçon était pourtant séduisant. Grand, brun, le visage anguleux des Méditerranéens… Il s'était présenté avec courtoisie. Son français était impeccable, seulement teinté d'une pointe d'accent :

—Mademoiselle Saÿma, n'est-ce pas? Je suis Gavril Ranem, chargé d'assister le directeur d'Hydror pendant ce voyage. Vous êtes interprète, à ce qu'on m'a dit?

—Interprète *stagiaire.*

Tarah avait répondu en ne desserrant pas les dents.

Hélas! pensa-t-elle, *de ce fait, je suis taillable et corvéable à merci! Je devais passer mon week-end avec Lucius : restau, boîte… et peut-être enfin se serait-il décidé à m'emmener chez lui! Mais non, le rêve était trop beau.*

Son chef direct, Cliff Jorid, en avait décidé autrement.

—Monsieur Jorid nous a expliqué qu'il vous avait demandé de remplacer sa collègue spécialisée en arabe car cette dernière est malade. Vous parlez donc l'arabe?

—Oui. Pas vous, évidemment.

—Si. Je suis juriste international et d'origine israélienne. Dans cette partie du monde, il vaut mieux parler aussi l'ar…

— Alors, le coupa Tarah, vous auriez pu faire le travail vous-même et traduire directement ce que votre patron va dire au prince d'Oman. Et moi, j'aurais pu passer le week-end à Bombay avec mon ami.

La sécheresse de la réplique fit taire Gavril Ranem. Le jeune homme boucla sa ceinture, puis se plongea dans la lecture des consignes de sécurité de l'hélijet trouvées dans le dossier devant lui. Au bout d'un moment, il fit une seconde tentative d'approche en se voulant drôle.

— Notre expédition vers le golfe de Kutch nous entraîne au-dessus de la mer sur plus de cinq cents kilomètres... Autant savoir où sont les gilets de sauvetage !

Après un petit rire forcé, il ajouta :

— D'autant qu'on risque aussi d'en avoir besoin sur les plates-formes. Ça coule, ces choses-là, si les requins mordent trop les piliers !

Tarah lui jeta un regard glacial.

— Je me moque de l'endroit où nous allons, jeta-t-elle.

Gavril ne dit plus un mot.

L'hélijet volait bas et, par moments, on pouvait voir son ombre glisser sur les flots turquoise. À aucun moment Tarah n'avait regretté d'être venue faire son stage de fin d'études au bureau de l'ONU en Inde, à Bombay. Sous l'égide de Cliff Jorid, maître-interprète en hindi et autres langues orientales, elle avait eu l'occasion de faire de nombreux déplacements à travers l'Inde. Cette partie du monde était magnifique. Elle adorait le pays et surtout, depuis un mois, elle avait le cœur qui battait plus fort lorsque Lucius, un jeune Eurasien rencontré à un cocktail, l'invitait à le suivre dans ses virées nocturnes à Bombay. *Et zut!* gronda-t-elle, *ce soir, Lucius sortira sans moi.*

Son maître de stage ne lui avait pas laissé le choix. Il l'avait réveillée aux aurores.

—J'ai besoin de vous, Tarah, avait déclaré Cliff au visiophone. Nous devons accompagner Astrid Pergen à Hydror Islands pour une importante réunion.

Madame Pergen occupait le poste de déléguée de l'ONU à Bombay, et Cliff Jorid était son interprète attitré. Lorsque ses fonctions la conduisaient à rencontrer des personnalités locales, Astrid Pergen partait toujours accompagnée de Cliff. Depuis six mois, Tarah les suivait et observait le travail passionnant de son maître de stage.

Mais là, vraiment, elle l'aurait volontiers envoyé au diable !

—Ma collègue est clouée au lit avec une gastro-entérite, avait expliqué Cliff. J'ai besoin de vos compétences en arabe, Tarah. Nous aurons affaire à des représentants de plusieurs pays : Inde, États-Unis, Oman et Suisse. L'Omanais est un parent du sultan. Il ne comprend que l'arabe. Et même si l'assistant du directeur d'Hydror parle arabe (Tarah savait maintenant qu'il avait voulu parler de Gavril), on ne peut pas se permettre de lui confier une traduction officielle. Je m'occuperai du hindi pour le délégué indien. Les autres parlent anglais sans problèmes.

Tarah n'avait même pas eu à demander l'heure du départ.

—Je passe vous prendre dans une heure. Faites votre valise, nous partons pour deux jours. Considérez ça comme une croisière. Après tout, je vous emmène dormir en mer !

À ce souvenir, Tarah poussa un soupir de rage et maudit Astrid Pergen. Une croisière en mer ? Quelle bonne blague ! Hydror Islands était un chapelet de plates-formes de forage au large de l'embouchure de l'Indus. Super, comme lieu de week-end ! Quelle fille n'aurait pas rêvé de se retrouver seule au milieu de la mer avec une dizaine de vieux politicards ? Elle avait tout juste eu le temps de laisser un message sur le répondeur de Lucius pour lui raconter ses malheurs.

Tarah jeta un regard vers Gavril alors qu'il posait son ordinateur portable sur la tablette. Avec un petit sourire, il dit, comme pour s'excuser :

—Je vais travailler un peu. Les données sont encore assez confuses en ce qui concerne la participation des Suisses dans le projet.

Tarah jeta un coup d'œil circulaire. Outre Cliff, Gavril et elle, deux autres personnes avaient pris place dans l'hélijet avec eux. Astrid Pergen, évidemment, puisqu'elle était à l'instigation de ce déplacement, et Hayden Cork, le patron de Gavril, le P-DG de la multinationale Hydror.

—Les Suisses ne sont pas là, confirma son voisin en suivant son regard. Ils nous attendent sur place.

—Ils financent le projet ? demanda Tarah, dont la curiosité chassait toujours la mauvaise humeur.

—Oh, non, pas du tout, répondit Gavril, ravi qu'elle

semble ne plus lui en vouloir. Ce sont eux qui fabriquent le biostuff.

—Le quoi ?

—Le biostuff. C'est le nanotissu dont sont faits les ballons d'eau. Au fait, on vous a dit que nous allions sur une plate-forme qui extrait de l'eau douce du fond de l'océan ?

Les sourcils de Tarah durent se soulever à une telle hauteur que Gavril se mit à rire.

—Je vais vous expliquer, déclara-t-il. Regardez.

De l'index, il effleura son écran qui s'illumina.

Les guerres de l'eau… Tarah avait dix ans lorsqu'elles avaient eu lieu. Petite fille gâtée, elle ne s'était pas rendu compte de grand-chose. Les conflits s'étaient déroulés loin de chez elle, loin de la France. Ils avaient duré plusieurs semaines. Deux mois tragiques, aux conséquences irrémédiables sur la vie des hommes. Elle se souvenait de la peur silencieuse de ses parents. Elle avait appris, dès cet âge-là, à se méfier de toute eau d'origine inconnue. Ensuite, au lycée, en bonne élève, elle avait potassé ses cours et retenu quelques dates essentielles à la compréhension du nouvel ordre mondial. Le conflit entre la Turquie, la Syrie et l'Irak avait mis le feu aux poudres. Dès le début du XXIe siècle, on savait pourtant que les barrages construits sur l'Euphrate étaient autant de mèches allumées. Eh bien, tout avait, hélas, explosé. Des antécédents sérieux n'avaient pas servi de sonnette d'alarme. Le Jourdain, la mer d'Aral, le Gange, le Danube et bien d'autres lieux de conflits auraient dû alerter tous les hommes politiques, mais seuls quelques-uns, en plus des scientifiques et des écologistes, conscients de la fragilité de la planète bleue, avaient à l'époque saisi l'extrême gravité des enjeux.

— Le stress hydrique, asséna Gavril. Vous savez ce que c'est ?

— Dites toujours, suggéra Tarah.

Finalement, ce garçon était intéressant. Maintenant qu'il expliquait à Tarah pourquoi et comment on en était arrivé à chercher de l'eau douce sous les mers, elle trouvait le temps moins long.

— C'est très simple. Examinez cette carte.

Elle se pencha pour mieux détailler l'écran. Ses boucles brunes chatouillèrent la joue de Gavril au passage, mais il ne s'en serait plaint pour rien au monde. Tarah était jolie. Très élégante. Visiblement, elle plaisait à Gavril. Restait au jeune homme à trouver comment lui rendre agréable la corvée de cette réunion en mer.

Un planisphère couvrait l'écran de l'ordi. Vert, bleu, jaune. En bleu, évidemment, les océans. En vert toutes les parties riches en eau des cinq continents. Et en jaune, les zones de stress hydrique.

— Ce sont les déserts, conclut Tarah un peu dépitée, en reculant pour se caler à nouveau dans son siège.

— Pas seulement, objecta Gavril. Si seulement c'était aussi simple ! Regardez : l'Inde en fait partie, et tout le Middle West américain. Le stress hydrique, pour schématiser, c'est le déséquilibre grave entre les quantités d'eau utilisées et les ressources disponibles.

— Il y a encore pas mal de vert ! ironisa Tarah avec un geste négligent vers l'écran.

— Oui. Mais cette carte date de 2003.

À ces mots, la jeune fille fronça les sourcils. Si longtemps que ça ? 2003, c'était l'année de sa naissance. Elle le dit. Et Gavril sourit.

— Maintenant je sais votre âge.

Elle se renfrogna.

— Pardon, dit-il aussitôt, ne croyez pas que je vous ai piégée. Mais cette carte est une référence extrêmement connue. Cette année-là, 2003, fut déclarée année internationale de l'Eau douce par l'UNESCO. Et pour la première fois le grand public prit vraiment connaissance des sinistres perspectives annoncées à l'horizon du premier quart du XXIe siècle. Nous y sommes, et la pénurie est pire que tout ce qu'on avait imaginé.

Gavril laissa passer quelques secondes, puis reprit :

— Un jour, il y a de cela plusieurs années, quelqu'un a eu l'idée de chercher dans cette direction.

Il posa son doigt sur l'écran et le balaya d'ouest en est en un long arc de cercle. Un surlignage apparut alors sur la carte, partant de la ville canadienne de Vancouver, au bord de l'océan Pacifique, pour barrer le Middle West américain, traverser l'Atlantique et surgir sur les côtes africaines, au niveau de Dakar. Ensuite, le tracé de Gavril suivait les grands déserts : le Sahara, l'Arabie, le nord de l'Inde, et se perdait loin à l'est, au niveau du désert de Gobi.

— La ligne des déserts… murmura Tarah. C'est connu.

— Bien sûr. Vous savez ce qu'on pouvait trouver sous le Sahara dès l'an 2000 ?

— Vous voulez parler des aquifères transfrontaliers ?

Gavril acquiesça.

La famille de Tarah était d'origine nord-africaine. Elle avait souvent entendu les siens parler des deux richesses du désert. L'or noir d'abord, l'or bleu ensuite : le pétrole, puis l'eau.

—Quand j'étais petite, mon père m'a montré une carte de l'Allemagne, dit-elle. Je m'en souviens comme si c'était hier : « Imagine que ce soit une piscine, m'a-t-il expliqué, profonde de plusieurs centaines de mètres, remplie de l'eau la plus pure que l'on puisse imaginer ! Et tu auras une idée de ce que renferme le sous-sol du Sahara. » Cela me faisait rêver. Je n'arrivais pas à concevoir qu'il puisse y avoir de l'eau sous cette mer de sable.

—Il avait raison. Cette première nappe identifiée faisait des centaines de kilomètres de long, mais elle a été pillée. Par les Libyens, d'abord. Puis l'Égypte, le Tchad et le Soudan ont voulu leur part du gâteau.

—Normal, non ? C'était sous leurs pieds, leurs pieds brûlés par la sécheresse.

—Je suis d'accord avec vous. Cela semble logique. Mais vous savez que cette nappe a été... empoisonnée. On n'a jamais su par qui. Souvenez-vous des conflits que cet acte criminel a engendrés dans la région, mais aussi de par le monde. Heureusement, on a trouvé d'autres nappes aquifères. Beaucoup d'autres. Toutes le long de ce tracé, dit-il en montrant le surlignage sur l'écran.

—Sous la ligne des déserts ? répéta Tarah.

—Tout à fait.

—Même sous les océans ?

— Oui.

— Je ne savais pas.

— Personne ne le sait.

Tarah laissa les mots faire son chemin dans son esprit et répliqua :

— Vous, vous le savez. Je veux dire : les gens d'Hydror. Ce n'est pas un hasard ! Pourquoi ne pas avoir mis l'humanité au courant ?

— À quoi cela aurait-il servi ? Tant que cette eau n'était pas exploitée, elle était protégée par le secret.

— Protégée ? répéta Tarah avec une pointe de mépris.

Elle détourna son regard de Gavril. *Qu'il aille donc dire ça aux millions de gens sur la planète qui meurent de soif !* La taxe que Tarah payait mensuellement pour bénéficier de son quota d'eau pure lui parut soudain une véritable arnaque.

— Oui, protégée, insista Gavril Ranem. Il y a treize ans, pendant les guerres de l'eau qui se sont généralisées un peu partout, tous les cas d'écoterrorisme se sont présentés. Empoisonnements des nappes souterraines, des sources et des rivières, à la strychnine, au cyanure, par des contaminations virales… On a même dit que de la matière radioactive avait été déposée volontairement en Antarctique. Vous vous souvenez ?

— Qui pourrait oublier ça ? rétorqua la jeune fille en haussant les épaules. On paye maintenant l'eau assez cher pour s'en souvenir. L'ONU a créé le World Water Office pour surveiller et réglementer la gestion de l'eau et pour assécher nos porte-monnaie.

Quand ça se saura qu'il y a de l'eau sous les océans, les gens voudront sûrement payer moins cher le mètre cube.

—Vous êtes tenue au secret, Tarah, comme moi, dit Gavril. Privilège douloureux de certaines professions. Nous accompagnons aujourd'hui Astrid Pergen dans un rôle de contrôleur Wowo.

Tarah le regarda, étonnée.

—Contrôleur Wowo ? Madame Pergen ? Elle est déléguée de l'ONU, pas du World Water Office.

—C'est la même maison. Elle vient discuter du coût de l'eau douce puisée sous le golfe de Kutch.

—Elles sont là vos fameuses nappes ?

—Entre autres, oui. Une richesse inestimable.

D'un coup d'ongle sur l'écran de son ordinateur, Gavril zooma sur l'océan Indien jusqu'à ce que Tarah reconnaisse les côtes du nord-ouest de l'Inde et celles du Pakistan. Les détails du golfe de Kutch apparurent alors.

—Je ne peux pas grossir davantage l'image, dit-il en souriant. Pour la vision macro, il vous suffit de regarder par le hublot. Nous arrivons à Hydror Islands.

Le sifflement des réacteurs de l'hélijet venait en effet de se modifier.

Tarah tourna la tête et découvrit alors le spectacle étonnant de vingt plates-formes aqualières posées comme autant d'îlots artificiels à la surface de l'océan. Elle en resta muette. On aurait dit un collier de perles sur un écrin.

Cliff Jorid, constatant que sa stagiaire regardait par le hublot, haussa la voix et dit :

— Alors, Tarah, reconnaissez que ça valait le déplacement, non ?

Elle fit oui de la tête.

— Bienvenue à Hydror Islands, dit le P-DG Hayden Cork. Vous allez voir, on va vous faire passer un week-end d'enfer !

— C'est exactement ce que je lui ai promis, surenchérit Cliff Jorid.

Tarah se retint pour ne pas hausser les épaules. S'ils s'y mettaient tous... Elle avait déjà vu ça quelque part, dans un vieux film, où des personnalités conviées sur une île pour visiter une espèce de parc de loisirs se retrouvaient toutes, ou presque, bouffées par des dinosaures transgéniques à la fin de l'histoire ! Déjà que Gavril avait parlé de requins... Charmante perspective.

Le jeune juriste eut un geste fataliste en la regardant :

— Faute d'autre chose, lui confia-t-il avec un petit sourire, vous saurez au moins d'où vient l'eau que vous buvez à Bombay. Elle est pompée ici, transportée dans d'énormes aqualiers et injectée dans le réseau de la ville, à titre d'expérience.

— Puisque vous parlez de boire, *mister* Ranem, intervint Astrid Pergen en regardant Gavril, oserais-je vous demander de vous improviser steward et de nous servir un apéritif ? C'est l'heure de porter un toast à la réussite de notre petit sommet.

Gavril se leva et, tandis que l'hélijet amorçait sa descente vers la plate-forme principale, Tarah imagina Lucius à Bombay, en train de se servir, lui aussi, un *long drink* allongé à l'eau d'Hydror. D'un petit geste de la main, elle trinqua virtuellement avec lui.

*
* *

—*J'ai quelqu'un à te proposer pour remplacer Kirk*, dit Silten au téléphone. *Une femme.*

Kirk était le Chien de Mer qui avait trouvé la mort lors de l'attaque de l'*Offertus* et dont le cadavre était en train de se faire boulotter par les poissons.

—Dis toujours, répondit Lucius, méfiant.

—*Elle se fait appeler Shilgg.*

Lucius sursauta. Shilgg ! Il avait évidemment entendu parler d'elle. Une sacrée nana, une vraie légende dans le milieu des pirates. Elle avait dirigé son propre gang d'amazones, quelque temps auparavant. Plus féroces que les mecs, ces filles-là ! Et puis, il s'était passé une embrouille. Lucius ne se souvenait plus très bien, et elle avait disparu de la circulation. Il l'avait crue morte. Si une nana comme Shilgg désirait faire partie des Chiens de Mer, c'est que la réputation de son groupe était vraiment au top.

—Amène-la-moi à Hydror Islands avec le sous-marin. Elle prendra part à la deuxième partie de l'opération.

*
* *

—Je vous déteste, grinça Tarah. Vous m'avez laissée me ridiculiser…

—N'exagérez pas, objecta Gavril en se détournant

juste à temps pour éviter un coup de coude de colère. Je n'ai fait que vous demander pourquoi vous portiez une robe en coton et pas en polyamide !

— Tout ça pour bien souligner que j'ignorais qu'il fallait plus de cinq mille litres d'eau pour faire pousser un kilo de coton, et seulement deux litres pour fabriquer un kilo de plastique !

— Je ne voulais pas vous ridiculiser, je voulais juste vous…

— J… me donner une leçon ! Et j'en ai assez de vos leçons. Depuis ce matin, tous autant que vous êtes, vous me rebattez les oreilles. Et le réchauffement de la terre par-ci, et l'apartheid écologique par-là. « Voyons, Tarah, vous savez bien pourquoi certains mots commencent par hydro et d'autres par aqua. Expliquez-lui, mon cher Gavril… » Arrghhh ! Quand votre patron m'a balancé ça, je l'aurais tué !

— En le… balançant par-dessus bord, sans doute, ironisa le jeune Américain.

À ces mots, Tarah s'immobilisa au milieu de la coursive, puis fit demi-tour pour revenir se planter nez à nez avec Gavril.

— C'est vous que je vais noyer avant demain soir !

— Oh ! là, là ! Ce n'est plus de la rage, c'est de la haine. Tout ça pour une petite nuance entre un préfixe grec et un préfixe latin.

— Eh bien, moi, je ne la connais pas, la nuance. Alors, pourquoi un gugusse quelconque a-t-il décidé un jour de baptiser vos tankers pleins de flotte des aqualiers et non des hydroliers ? Répondez-moi, monsieur Je-sais-tout ! Oh, et puis, je m'en fiche !

Avec un geste de dépit que Gavril trouva très gracieux, Tarah se dirigea, excédée, vers l'ascenseur.

—Je file à ma cabine pour prendre une douche. Et je me moque de gâcher deux cents litres d'eau !

—Une douche, c'est cinquante litres… lui cria Gavril en tentant en vain de ne pas sourire, tandis qu'elle disparaissait dans l'ascenseur. Deux cents litres, c'est pour un bain !

Le chuintement des portes qui se refermaient empêcha Tarah de lui demander s'il pensait à l'hydropolitique chaque fois qu'il actionnait la chasse de ses WC ! Mais il ne perdait rien pour attendre. La vengeance était un plat qui pouvait se réchauffer aux micro-ondes, non ? Au dîner, à la première occasion, elle clouerait le bec à cet impertinent. Et il avait intérêt à ce que sa chemise ne soit pas en coton !

En pénétrant dans sa cabine, la jeune fille soupira en jetant un coup d'œil à sa montre. Vingt heures. Hélas, la journée de travail n'était pas encore finie. Le dîner, fixé à vingt et une heures, serait un repas de travail. Autour de la table, il faudrait continuer à traduire.

La réunion de l'après-midi s'était très mal engagée. Après la visite des lieux (passionnante, au demeurant), les discussions avaient tourné autour de ce que serait le prix du mètre cube d'eau provenant de plates-formes comme celles d'Hydror Islands. Si ce type d'exploitation devait se généraliser, autant savoir où l'on allait. Madame Pergen avait été très ferme :

—Donnez-moi un coût de production au mètre cube !

Pour le pétrole, les marchés internationaux avaient

toujours utilisé le baril comme volume de référence. En ce qui concernait l'eau douce, le mètre cube était l'étalon international. Le coût de l'extraction (forage, pompage) additionné à celui du transport par aqualiers et à celui du dessalement (les eaux des nappes sous-océaniques étaient très légèrement salées), tout cela laissait présager des prix élevés. Dans un premier temps, seul le sultanat d'Oman et la région de Bombay achetaient l'eau d'Hydror Islands. La réunion avait pour but, outre de montrer les installations à madame Pergen, de discuter aussi sur les moyens de réduire les coûts dans les mois à venir. Et d'envisager ainsi l'exploitation d'autres gisements. Chaque mois, le nombre des sources sous-marines recensées par Hydror augmentait.

Le prince d'Oman, venu en hélijet personnel, avait attaqué d'emblée l'Inde en insinuant qu'elle ne protégeait pas suffisamment le couloir maritime emprunté par les aqualiers pour transporter vers son sultanat l'eau puisée à Hydror Islands.

— Et nos accords sur la surveillance des eaux extra-territoriales ? avait rétorqué le représentant indien. Que faisaient vos opérateurs radars la nuit dernière ?

La nouvelle de l'arraisonnement de l'*Offertus* était parvenue sur la plate-forme aqualière une heure avant l'atterrissage de l'hélijet en provenance de Bombay. Chacun avait appris que l'immense tanker d'Hydror avait été attaqué par des pirates disposant d'un sous-marin. Le groupe des Chiens de Mer avait revendiqué l'opération et la méthode, concluant son message par ces termes énigmatiques : « Le dernier des trois. G 26. »

— Comment voulez-vous repérer des écumeurs de la mer ayant un matériel aussi sophistiqué ?

Personne n'avait objecté quoi que ce soit à la réponse amère du prince. Tout le monde savait que, souvent, les pirates étaient bien mieux équipés que leurs proies. Leur technologie informatique de brouillage, en particulier, était de pointe. Surtout celle des Chiens de Mer. Ces derniers avaient signé, ces six derniers mois, une vingtaine d'actes de piraterie (dont les plus spectaculaires étaient l'abordage de trois aqualiers de la compagnie Hydror). Mais ça n'expliquait pas tout. On chuchotait que certains offices maritimes locaux, ceux du Pakistan en particulier, étaient totalement gangrenés de l'intérieur et que les pirates bénéficiaient d'appuis aux plus hauts niveaux. Il fallait reconnaître qu'au cours du jour cinq cent mille tonnes d'eau douce représentaient un sacré butin !

L'aqualier avait disparu corps et biens. Pas pour tout le monde, évidemment. Il était certainement en train d'être maquillé, bien à l'abri, quelque part dans un port « de complaisance », et sa cargaison négociée sur un marché parallèle.

Les pays acheteurs ne manquaient pas, notamment le Kazakhstan, l'Ouzbékistan et le Kirghizstan, à cause de l'embargo qui frappait ces trois États pour n'avoir pas su résoudre leurs différends autrement qu'en allant bombarder les barrages du voisin. Les agents du Wowo voulaient ainsi tenter « d'assagir » les pays trublions en les obligeant à rendre les armes et à s'intégrer dans la communauté disciplinée des membres du World Water Office. Les dirigeants récalcitrants clamaient bruyamment leur opposition à cette discrimination, mais ces gens haut placés ne souffraient guère de la situation. Il en était autrement des populations.

L'eau piratée de l'*Offertus* prendrait le chemin des steppes dans des aqueducs géants qu'on ne cachait même pas aux yeux des habitants assoiffés, lesquels étaient réduits depuis des mois à racler les fonds asséchés et surpollués de leurs anciens fleuves. Tarah se souvenait d'images insoutenables d'enfants portant des seaux d'eau saumâtre et avançant à pas menus sur les énormes tuyaux blindés, gorgés d'eau pure à l'intention des corrompus de leur pays.

— Il faut considérer ça comme des actes de guerre ! avait tempêté Hayden Cork. Leurs actions ne sont même pas revendiquées comme pseudo-écologiques. C'est de la piraterie pure et simple. Du gangstérisme. C'est le troisième aqualier que perd ma compagnie. Nous devrions les combattre par le même moyen : la violence.

— Ce n'est pas le but de notre sommet, avait fermement rappelé la déléguée de l'ONU. J'aimerais que l'on revienne sur la question des coûts. Et tout particulièrement sur le transport de l'eau, non pas par aqualiers, mais dans des ballons en biostuff.

Tarah avait eu des difficultés à traduire en arabe tous les termes techniques employés par les Suisses représentant la société qui fabriquait ces ballons. Depuis de nombreuses années, dans certaines parties du monde, l'eau était transportée en mer dans d'énormes ballons de trente millions de litres, mais toujours sur de courtes distances et dans des mers fermées, comme la Méditerranée. De gigantesques fermetures Éclair aux dents de plusieurs centimètres reliaient les sacs entre eux comme des wagons. Les différentes couches du biostuff, le nanotissu composant les sacs, étaient prétendument capables de se régénérer en cas de déchirements dus à d'éventuelles tempêtes.

—De même que la peau humaine cicatrise car chaque cellule contient notre patrimoine génétique, avait affirmé l'ingénieur suisse, de même chacun de nos micromodules électroniques est doté d'une puce qui contient l'ensemble des informations. À la moindre déchirure d'un dixième de micron, les modules environnants réagissent et pallient la défaillance.

—Ils bouffent le voisin et prennent sa place? avait ironisé Gavril.

—En quelque sorte.

Impressionnés, les participants à la réunion d'Hydror s'étaient donc accordés sur l'idée de remplacer les aqualiers par des trains de ballons d'eau tirés par de puissants remorqueurs. En cas d'abordage par des pirates, on ne perdrait que l'eau et un remorqueur. Rien à voir avec le coût d'un aqualier. Les membranes flottantes — comme il convenait de nommer ces ballons — seraient donc préconisées à l'avenir. Les Suisses étaient ravis. Tarah comprenait cette joie, qui récompensait leurs recherches, tout en se doutant qu'il y avait aussi des sommes colossales en jeu. Pour eux, l'avenir de l'eau était… dans le sac !

Tarah sortit de sa douche une serviette nouée autour des cheveux. Qu'allait-elle mettre ce soir ? Les tenues bon chic bon genre que lui imposait son métier lui pesaient parfois. Dès qu'elle était libre, elle portait des ensembles à la mode. Elle adorait en particulier les vêtements en intertex, capables de s'adapter à l'environnement. Voilà pourquoi la remarque de Gavril sur sa petite robe en coton « spécial boulot » l'avait prodigieusement agacée.

Les textiles interactifs étaient les petits cousins du biostuff des ballons à eau. Après deux heures de traduction sur les taux de résistance et la régénérescence intelligente des tissus bio-inspirés, elle décida que sa petite combinaison moulante en intertex était la tenue idéale pour le dîner. Elle avait bien droit à un peu de fantaisie dans ce monde d'hydro-spécialistes, non ?

*

* *

— J'ai compris la signification de la signature « G 26 », déclara tranquillement Gavril.

Autour de la table, tout le monde se figea. Les couteaux et les fourchettes restèrent en l'air.

— Comme ça, d'un coup, entre la poire et le fromage, Gavril ? demanda ironiquement Hayden Cork à son assistant. Expliquez-vous, mon cher.

— G pour Genèse ; 26 pour vingt-sixième chapitre.

Tarah détailla Gavril comme si elle le voyait pour la première fois. Décidément, ce garçon ne cessait de la surprendre.

— Je vais vous faire un peu de lecture, dit le jeune homme.

Il sortit un livre de sa poche et l'ouvrit.

— C'est l'Ancien Testament, Genèse 26. Je lis : « Les serviteurs d'Isaac creusèrent dans la vallée et y trouvèrent une source d'eau vive. Mais les bergers de Gerara cherchèrent querelle aux bergers d'Isaac. "Cette eau est à nous", disaient-ils. Isaac nomma alors ce puits Eseq parce qu'ils lui avaient fait échec. Un deuxième puits ayant été foré, Isaac le nomma Sitna, parce que celui-ci aussi fut contesté. Il partit ensuite de là, et creusa un troisième puits au sujet duquel il n'y eut plus de discussion. Il le nomma Rehovoth en disant : "Maintenant, le Seigneur nous a laissé le champ libre et nous prospérerons dans le pays." »

Un silence palpable fit suite à ces versets. Seuls Cliff Jorid et Tarah chuchotaient pour traduire, respectivement en hindi et en arabe, les paroles sacrées que venait de lire Gavril.

— Bon sang de sort ! jura Hayden Cork, le message disait : le dernier des trois.

— En effet, acquiesça Gavril. L'*Offertus* est le troisième aqualier que nous piratent les Chiens de Mer. D'après moi, ils ont voulu nous annoncer qu'ils allaient maintenant passer à un niveau d'action supérieur.

— Que voulez-vous dire ? Que ces Chiens de Mer menacent de perpétrer d'autres attaques contre Hydror ? Cela, hélas, nous nous en doutons.

— Des attaques d'un niveau supérieur. Pourquoi pas ici, à Hydror Islands ?

Hayden Cork devint livide. Les autres étaient muets de stupeur.

— Je vais demander qu'on lance un SOS, dit le P-DG.

Il se leva en hâte, jetant sa serviette sur la table avec rage, mais à peine avait-il fait un pas en direction de la porte qu'une déflagration sourde ébranla la structure de la plate-forme. Le sol vibra et, brutalement, le plancher s'inclina, entraînant la table, la vaisselle fine et les plats dans un fracas épouvantable. Tarah n'eut que le temps de s'agripper à un montant, juste derrière elle. Astrid Pergen et le prince d'Oman n'eurent pas sa chance, et se retrouvèrent l'une à quatre pattes, l'autre empêtré dans sa djellaba, glissant sur le parquet verni de la salle de réception.

— Les piliers, hurla l'ingénieur suisse. Ils ont fait sauter les piliers de la plate-forme. Sauve qui peut. Tout va couler !

La panique griffa le ventre de Tarah. Elle jeta un regard désespéré en direction de son maître de stage, mais celui-ci était à demi couché en bout de table, tout le haut du corps écrasé par un énorme lustre qui s'était détaché du plafond. Une flaque de sang commençait à s'étaler sur la nappe brodée, que froissaient les doigts de Jorid dans un dernier spasme.

— Cliff ! cria la jeune fille en voulant se diriger vers lui.

Gavril la retint fermement par le bras.

— C'est trop tard ! Il n'y a plus rien à faire pour lui. Il faut quitter la structure avant qu'elle ne s'abîme en mer. Venez, Tarah, je vous en prie.

Elle résista à la traction qu'exerçait sur elle le jeune Américain. Une deuxième explosion retentit. Une brèche béante déchira la paroi, tandis que le sol s'inclinait encore davantage. Astrid Pergen hurla. Elle glissait inexorablement vers la brèche. Elle disparut dans la nuit, en direction des flots, vingt-cinq mètres plus bas. Le prince d'Oman la suivit de peu, après avoir tenté en vain de se retenir à une tôle déchiquetée.

— Il faut leur lancer des bouées ! hurla Tarah à la limite de l'hystérie.

— Venez, la supplia Gavril, sauvons-nous pendant qu'il en est encore temps. Nous ne pouvons plus rien pour eux.

Les yeux exorbités, elle se tourna vers le jeune homme et s'accrocha alors désespérément à lui. Les lumières vacillèrent et s'éteignirent pour être remplacées par l'éclat verdâtre des veilleuses d'urgence. Gavril tira Tarah jusqu'à la coursive, utilisant chaque aspérité pour avancer, marchant à moitié sur le sol et à moitié sur la cloison tant la gîte de la plate-forme était importante. Ils parvinrent à atteindre un escalier. Après de nombreuses chutes, glissades et chocs en tout genre, ils arrivèrent enfin au niveau de la mer. Par miracle, le pont d'embarquement était encore à peu près horizontal. Plusieurs techniciens s'y trouvaient déjà. Un projecteur éclairait péniblement cette scène de désolation. Les éléments métalliques de la structure ployaient les uns après les autres avant de s'écraser avec fracas dans l'eau, comme les allumettes d'une vulgaire construction de pacotille. Un geyser immense arrosait Tarah et Gavril d'une pluie torrentielle. Instinctivement, la jeune fille passa sa langue sur ses lèvres. De l'eau douce. Le forage avait explosé, et l'or bleu était en train de se perdre dans le tumulte de l'océan.

— Aidez-nous ! hurla soudain une voix au milieu du vacarme ambiant.

Gavril et Tarah levèrent la tête. Ils distinguèrent, accrochés aux haubans, trois silhouettes qui leur faisaient des signes : Hayden Cork et les deux Suisses.

On les aida à descendre sur la plate-forme. Un des responsables de la sécurité rejoignit le groupe formé par les invités venus de Bombay. Il dressa un premier bilan au P-DG. L'antenne radio gisait par deux cents mètres de fond. Les blessés étaient nombreux, les morts encore impossibles à chiffrer.

Un bruit de moteur attira alors l'attention de Tarah. Elle se retourna pour voir surgir de la nuit une vedette hyper rapide à la ligne fuselée.

— Des secours ! jubila-t-elle en secouant la manche de Gavril.

Celui-ci détailla l'engin.

— Je ne crois pas, asséna-t-il, lugubre. Ce sont plutôt les Chiens de Mer.

Le bateau accosta en contrebas et des grappins furent lancés en direction du ponton. Une dizaine d'hommes, pistolet au poing, grimpèrent jusqu'à eux. Tarah se serra contre Gavril. Au contact de l'eau, sa combinaison avait modifié son apparence : de soyeuse, elle était devenue imperméable et luisante. L'eau ruisselait sur Tarah sans l'atteindre, sauf sur son visage où ses cheveux trempés dégoulinaient dans son encolure.

— Voyez-vous ce que je vois ? ironisa un des nouveaux arrivants. Quel charmant tableau ! La belle et le tocard !

À demi-aveuglée par l'eau et la torche braquée dans sa direction par un des Chiens de Mer, Tarah mit quelques secondes avant de réagir au son de la voix.

— Lucius ! s'exclama-t-elle.

Elle se détacha de Gavril et, souriante, fit trois pas vers le jeune homme.

— Stop ! ordonna-t-il. Pour qui tu me prends ? Pour le sauvetage en mer ?

Le ton méprisant arrêta net la jeune fille. Elle balbutia quelques syllabes d'étonnement avant de comprendre.

— Ce n'est pas vrai ! Tu es avec ceux qui ont fait sauter la plate-forme ? demanda-t-elle.

— C'est moi leur chef, déclara fièrement Lucius.

Cork, suivi de Gavril, s'était rapproché de Tarah.

— Le chef, vraiment ? répéta Cork. Le chef de quoi ? D'une bande de terroristes incapables de faire autre chose que détruire ?

— Ce n'était pas prévu comme ça, fulmina Lucius. On voulait vous prendre en otage, avec la mère Pergen et le prince d'Oman, puis évacuer la plate-forme et la faire sauter, histoire de montrer que les Chiens de Mer ne plaisantaient pas. Mais j'ai des abrutis dans mon équipe qui se sont plantés dans le décalage horaire entre l'Inde et le Pakistan, et qui ont fait péter les explosifs trop tôt !

Gavril éclata d'un rire grinçant.

— Belle coordination en effet. Ça me rappelle une

fameuse bourde de la NASA, au siècle dernier : une sonde s'était crashée sur Mars parce que des gars avaient confondu les pouces et les centimètres !

—Toi, la ferme ! aboya Lucius.

Soudain, un projecteur venu de la mer inonda violemment la plate-forme. Personne n'avait vu émerger des profondeurs océanes le sous-marin des Chiens de Mer. Un Zodiac se détacha des flancs du submersible et vint accoster ce qui restait de la plate-forme. À nouveau, des grappins furent lancés et d'autres pirates, emmenés par Silten, grimpèrent sur la structure.

—Silten, embarque le P-DG, la belle et le tocard dans le sous-marin, ordonna-t-il à son second. Les autres restent sur place.

—Mais, la plate-forme va sombrer ! cria Tarah.

—T'affole pas, bébé, ils ont sûrement des chaloupes.

Puis il s'adressa au commando avec lequel il était venu :

—Vous, vous regagnez la vedette. Moi, je repars dans le sous-marin, avec les otages.

C'est alors qu'une femme se détacha du petit groupe commandé par Silten. Vêtue d'un treillis militaire, la tête rasée, elle avait un visage impassible. Elle tenait un fusil d'assaut dans la main droite.

—Silten n'a pas eu le temps de me présenter. Je suis…

—Shilgg !

Lucius la détailla de haut en bas, sourit, puis hocha la tête :

—Bienvenue parmi les Chiens de Mer.

— Merci. Je peux cadrer les otages, proposa-t-elle.

— OK. Mais nous allons aussi les cadrer… au sens médiatique du terme.

Il sortit un téléphone portable muni d'une webcam et composa un numéro. Tout en attendant la réponse à son appel, il fit un geste de son arme, intimant l'ordre aux trois otages et à leurs gardiens de descendre dans le Zodiac. Tout le monde s'entassa dans l'embarcation. Tarah jeta un regard dans la direction de Lucius. Le Chien de Mer tenait le portable à bout de bras et balayait les ultimes restes de la plate-forme centrale d'Hydror Islands sur le point de s'abîmer dans le golfe de Kutch, ainsi que les otages recroquevillés dans le bateau pneumatique.

— Que fait-il ? demanda-t-elle à Gavril, qui s'asseyait près d'elle.

— Il envoie les images à un relais satellite, répondit le jeune homme. Le chantage commence. On va peut-être savoir qui est derrière tout ça. Mais comment se fait-il que vous connaissiez ce bandit ?

Tarah ne répondit pas. Avec horreur, elle venait de se rendre compte que, si Lucius avait attaqué la plate-forme, c'était de sa faute. Dans le message qu'elle lui avait laissé sur son répondeur, elle avait imprudemment parlé de l'importante réunion qui allait se dérouler à Hydror Islands avec Cork, Astrid Pergen et le sultan d'Oman. Jamais elle ne se pardonnerait d'être la cause de cette tragédie.

Elle se mit à pleurer doucement, sur Cliff Jorid, sur Astrid Pergen et sur tous ceux qui avaient péri.

*

* *

La nouvelle fit la une de toutes les chaînes d'infos dans les heures qui suivirent : *« Une plate-forme d'Hydror Islands sombre dans l'océan Indien », « Des milliers de tonnes d'eau à la mer », « Les Chiens de Mer tuent une déléguée de l'ONU », « Halte au terrorisme »* et surtout *« À qui profite le crime ? », « Que veulent les Chiens de Mer ? »*

On vit des militants écologistes revendiquer la paternité d'une telle initiative au nom du droit des peuples à l'eau pure.

Des voix s'élevèrent pour rappeler que, dès le sixième verset de la Bible, il est dit que Dieu sépara les eaux d'avec les eaux et que l'homme devrait bien en faire autant, en partageant équitablement la source de vie. On cita le Coran, la Torah, Bouddha et même les Phéniciens qui, selon d'antiques documents, auraient été les premiers à chercher des sources au fond de la mer.

La révélation de l'existence des nappes aquifères sous-marines en grand nombre déchaîna les médias. On accusa le Wowo d'avoir caché au reste du monde les recherches en ce domaine. Certains, parmi lesquels les Européens, s'interrogèrent avec aigreur sur le choix de la multinationale américaine Hydror pour mener à bien les premières expériences de forage.

*

* *

Dans la cabine du sous-marin où ils avaient été enfermés, les trois otages regardaient un minitéléviseur qu'on leur avait laissé. Devant les infos, Tarah, Gavril et le directeur d'Hydror étaient atterrés. Ils avaient la sinistre impression que le monde s'occupait de tout sauf d'eux. Leur sort était régulièrement évoqué, mais seulement en introduction à des reportages généraux et à des débats de pseudo-experts sur le problème de l'eau. Finalement, une chaîne annonça que les États-Unis envisageaient une action militaire pour prendre le contrôle des transports d'eau dans l'océan Indien et, accessoirement, récupérer ses deux ressortissants. Tarah ironisa en demandant, amère, si on penserait à sauver dans la foulée la petite Française, vu que son pays privilégiait la solution diplomatique et qu'elle n'était pas sortie de l'auberge.

La porte s'ouvrit brutalement. Lucius, l'arme au poing, fit irruption dans la cabine, suivi de Shilgg.

— On va vous transférer, annonça le Chien de Mer.

— Où et pourquoi ? demanda Hayden Cork.

— Je crains une attaque. On va vous séparer et vous mettre en lieu sûr.

— Nous séparer ? gémit Tarah.

— Ne chiale pas sinon je te descends !

— Tuer des gens qu'on connaît au profit de gens qu'on ne connaît pas ! lança Gavril à Lucius. C'est la définition de la sale guerre, ça. Dites-nous au moins pour qui vous travaillez, ainsi nous saurons pour qui vous mettez nos vies en danger.

— Je travaille pour l'argent, je n'ai jamais eu d'autre cause. Je suis un pirate du XXIe siècle. Fini le temps où les activistes étaient aussi des idéalistes. Je pourrais vous donner un nom, mais je ne sais pas pour le compte de qui il agit.

—Fatum, lâcha Shilgg.

Lucius la regarda et aboya :

—Mais qu'est-ce qui te prend? Et comment connais-tu ce nom, toi?

Shilgg eut un léger sourire. Puis, d'un geste vif, elle fit jaillir un couteau de sa manche, agrippa les cheveux de Lucius, lui tira la tête en arrière et l'égorgea. Du sang éclaboussa Tarah, qui se mit à crier. Shilgg lâcha le corps de Lucius, qui s'affaissa mollement, dans un gargouillement horrible.

—Taisez-vous! ordonna-t-elle à Tarah. Et écoutez-moi bien. Je vais profiter de ce que Lucius a annoncé à ses hommes qu'on allait vous transférer pour vous libérer. On va partir avec la vedette qui a rejoint le sous-marin. Un hélico viendra nous récupérer par hélitreuillage.

—Qui êtes-vous? hoqueta Hayden Cork, qui se remettait à grand-peine de sa frayeur.

—Disons… une sorte de Chienne de Mer. Mais pas du même bord. Plus exactement… plus du même bord. Désormais, mon boulot est d'infiltrer les groupes comme celui de Lucius et de les éliminer.

—Qui est ce Fatum? demanda Gavril.

—C'est le nom de code d'une mafia nouvellement apparue qui gère des gangs comme les Chiens de Mer et les met à la disposition des puissants de ce monde.

—Pour qui Fatum travaillait-il sur ce coup-là? questionna Cork.

— Un consortium de fabricants norvégiens de biostuff. Dans un premier temps, les Chiens de Mer attaquaient les aqualiers, démontrant que ce mode de transport n'était pas fiable, puis ils se seraient débrouillés pour éliminer les Suisses du marché, je ne sais pas comment.

— Mais pourquoi avoir fait sauter la plate-forme ?

— Lucius a voulu jouer perso et doubler Fatum. Apprenant la présence de personnalités à Hydror Islands, il a décidé de monter une opération de kidnapping et de demander une énorme rançon. Mais l'explosion anticipée de la plate-forme a provoqué une tragédie. L'opinion mondiale s'en est mêlée, et il n'a pas su se dépêtrer de ce guêpier. Finalement, Lucius n'était qu'un petit joueur.

Shilgg sortit un minuscule objet de sa poche et le lança en direction du plafond, où il se colla.

— C'est un mouchard électronique, dit-elle. Il va signaler la position du sous-marin à un lanceur de missiles. Nous avons un quart d'heure devant nous pour nous tirer.

— Une dernière question, hasarda Tarah. Et vous, pour qui travaillez-vous ?

Shilgg se contenta de mettre un doigt sur ses lèvres.

*
* *

Quelques mois plus tard.

Assise dans un fauteuil face à une baie vitrée, Tarah contemplait New York depuis le vingtième étage du bâtiment des Nations unies. À ses pieds, l'East River brillait dans le soleil couchant. Comme partout sur les côtes, le niveau avait monté au fil des années au point de recouvrir les anciens quais-promenades au pied de l'immeuble de verre.

Suite à la révélation de l'existence des nappes sous-marines, le conseil de l'ONU avait mandaté une mission d'études pour des projets d'exploitation à grande échelle sur toute la planète. Gavril avait été pressenti pour prendre la direction du groupe de recherche. Il avait fini par accepter, soucieux de faire de son mieux pour améliorer la situation de l'humanité. Son maître-mot était : développement durable. Il fallait gérer sans épuiser. Apprendre à doser les forages pour laisser le temps aux nappes de se reformer. Gavril refusait de parler de restrictions. Il disait : néorépartition.

Tarah était fière de lui.

Elle, de son côté, avait abandonné le métier d'interprète, trop stressant, pour se consacrer à la traduction littéraire. Régulièrement, elle pensait à Cliff Jorid, à Astrid Pergen, à tous ceux d'Hydror Islands qui avaient trouvé la mort à cause de son insouciance. Elle pensait aussi à la femme au crâne rasé qui les avait sauvés, l'énigmatique Shilgg. Tarah n'avait plus entendu parler d'elle après leur hélitreuillage et l'explosion du sous-marin. Était-elle une ancienne pirate repentie ? Qui était son employeur ?

Gavril apparut, essoufflé. Il se pencha pour déposer un rapide baiser sur les lèvres de Tarah.

—Tu n'as pas trouvé le temps trop long ? Hayden Cork n'en finissait plus de discuter du programme d'implantation des nouvelles plates-formes aqualières avec les délégués européens. Son fameux programme Aquaterra.

—Pourquoi n'avez-vous pas baptisé ça Hydroterra ? demanda la jeune femme en se levant pour passer son bras sous celui de son compagnon.

—Ah, les fameux préfixes ! se moqua Gavril.

—Oui, au fait, tu n'as jamais répondu à ma question. Pourquoi certains mots commencent-ils par hydro et d'autres par aqua ?

—Je ne t'ai jamais répondu, ma belle… tout simplement parce que je ne connais pas la réponse !

Les deux jeunes gens partirent d'un grand éclat de rire qui ricocha sur les baies vitrées de l'immeuble des Nations unies.

Le temps d'aimer est bien court

Jean-Pierre Hubert

Né à Strasbourg en 1941, Jean-Pierre Hubert vient de quitter le giron de l'Éducation nationale, après avoir passé des décennies à donner le goût de la lecture et de l'écriture aux adolescents (et tout particulièrement aux collégiens de la ville où il habite, Wissembourg, dans le Bas-Rhin).

Jean-Pierre Hubert écrit depuis 1973 et a publié une soixantaine de nouvelles (dont le recueil Roulette mousse, *1987) et une vingtaine de romans (dont Les* Faiseurs d'orages, *1984, et* Le Champ du rêveur, *grand prix de la SF française 1984). Ses qualités de styliste lui ont valu de nombreux prix. Mais l'homme a plusieurs cordes à son arc : il a aussi écrit des scénarios de téléfilms, des pièces de théâtre, des spectacles (en particulier pour le conteur J.-L. Baly). Il est passionné de musique traditionnelle et ancienne, joue de l'accordéon diatonique, anime des ateliers de danse et est un redoutable danseur de fest-noz !*

Avec Le Bleu des mondes *(1997), Jean-Pierre Hubert aborde les univers de la science-fiction jeunesse. C'est pour lui une découverte. Il récidive avec* Les Cendres de Ligna *(2000),* Sa Majesté des clones *(2002) et est au sommaire des deux anthologies précédentes,* Graines de futurs *(2000) et* Les Visages de l'humain *(2001).*

Les Cendres de Ligna *est l'histoire d'une révolte, celle de la planète Ligna, dont la forêt est mise en coupe réglée par les colons terriens. Dans* Le temps d'aimer est bien court, *la réponse de la Terre est plus subtile, mais tout aussi implacable. Car on ne bafoue pas impunément la nature…*

« Si l'abeille disparaissait de la surface du globe, l'homme n'aurait plus que quatre années à vivre : plus d'abeilles, plus de pollinisation, plus d'herbe, plus d'animaux, plus d'hommes… »

(Albert Einstein)

« Les avancées de la génétique entraînent une nouvelle rupture dans les procédés de manipulation de la nature. Les techniques récentes d'épissage des gènes permettront, non seulement de créer des chimères animales, mais plus généralement d'organiser la vie comme un immense processus manufacturier, monopolisé par quelques firmes géantes, réduisant du même coup la liberté humaine et la formidable créativité du vivant. »

(Jean-Paul Deléage — *La Biosphère, notre Terre vivante*, « Découvertes Gallimard », 2001)

« Tout donne aujourd'hui à penser que le génie génétique, en s'impliquant à ce point dans la sphère agro-alimentaire, s'est engagé dans une voie périlleuse, peut-être sans issue à long terme. Il a ouvert une nouvelle rubrique dans la série déjà fournie des diverses formes de pollution en donnant naissance à ce nouveau concept de "pollution génique". »

(Jean-Marie Pelt — *La Terre en héritage*, Fayard, 2000)

Roméo

The time and my intents are savage-wild ;
More fierce, and more inexorable far,
Than empty tigers, or the roaring sea.
(William Shakespeare, *Roméo et Juliette*, acte V, scène III)

L'heure et mes intentions sont épouvantables
Et bien plus implacables et plus farouches
Que le tigre affamé ou la fureur de la mer !
(traduction d'Yves Bonnefoy, Gallimard, Folio)

I

Miror se réveille en sursaut, le corps inondé de sueur, la gorge serrée par une peur qui ne dit pas son nom.

— Alicia ! murmure-t-il dans un premier réflexe.

Il écarquille les yeux dans la pénombre. Le jour ne s'est pas encore levé. Pour savoir l'heure, Miror pourrait consulter son damcom de poignet, mais il préfère la deviner. En général, il tombe juste, à quelques minutes près. Plus sûrement que le chant incertain des quelques rares oiseaux qui visitent le jardin, c'est le ronronnement du robot urbain qui le renseigne sur l'heure exacte.

— Il doit être cinq heures… huit, parie Miror en rejetant la couverture qui l'étouffe.

Trop tôt pour envoyer à Alicia un message en mode instantané : trois heures à peine après leur précédent contact, il risquerait de la réveiller. Il a promis d'être raisonnable…

Le roburb remonte en grondant sourdement les rues

du quartier résidentiel ZG, où ses parents ont installé leur luxueuse domoniche de dix pièces avec piscine. ZG, autrement dit « zone grattée ». La série d'attentats à la minibombe atomique perpétrés deux décennies plus tôt par la secte de la Mort radieuse a lâché le fantôme nucléaire un peu partout : dans le sol, dans les végétaux, dans les organismes. La radioactivité se mêle insidieusement aux autres pollutions, léguées par le siècle passé.

Devant ce désastre, on n'a rien trouvé de mieux que de gratter la surface là où on peut. Partout ailleurs, on laisse le terrain tel quel, en évitant de le dire pour éviter la panique.

Les ZG ont coûté suffisamment cher pour qu'on les entoure d'un soin maniaque. La sécurité des nantis est assurée par des rondes de robokeufs exhibant leurs mécaniques huilées le long des rues et pointant leurs armes dissuasives sur le moindre mouvement suspect. Quant au roburb qu'entend Miror, il passe deux fois par jour, détruisant la moindre trace de chiendent transgénique perçant l'asphalte de ses pousses vigoureuses, et traquant jusqu'aux fourmis clandestines qui oseraient se risquer dans une zone protégée.

Miror lance une commande vocale et les persiennes de sa chambre s'entrouvrent dans un glissement soyeux pour laisser filtrer une promesse d'aube. Il effleure de l'extrémité du doigt son damcom. 5:06.

—Deux minutes de gagnées, murmure-t-il. C'est toujours ça de pris !

L'étau qui, quelques instants auparavant, lui serrait la gorge d'un inexplicable pressentiment se desserre peu à peu. Il a dû faire un cauchemar. Il a peut-être imaginé qu'Alicia était brusquement tombée malade ou qu'elle était obligée de partir pour un voyage lointain sur une décision de ses tuteurs, autant de situations insupportables…

Miror pousse la porte-fenêtre et se retrouve pieds nus dans l'humidité du gazon. Le ciel rosit au-dessus des collines sages qui cernent la vallée protégée. Un des robots domestiques récure le fond de la piscine et désinfecte l'eau avec la même conscience aveugle que son gros collègue municipal. Il trahit sa présence par des tourbillons glougloutants qui troublent la surface et font penser à quelque créature sous-marine en maraude.

Cette incessante manie de l'hygiène sur le moindre centimètre carré de la propriété dérange Miror. Il va droit à la paillote de contrôle et désactive le robodom avec agacement. Papa ne va pas être content, mais il s'en fiche. Faut-il se sentir sale ou coupable pour éprouver à ce point un besoin de décapage permanent !

Il se débarrasse de son tee-shirt pour étirer son corps souple. Il est vrai qu'à douze ans il a fière allure, du haut de son mètre quatre-vingt-cinq bien charpenté, avec sa collection de muscles juvéniles en parfait état de fonctionnement, ses traits énergiques et son abondante chevelure de jais tombant sur ses épaules bronzées.

Le plongeon l'amène au fond de la piscine, où il effectue deux longueurs sans revenir à la surface. La fraîcheur de l'eau lui fait du bien. Il profite de cette sensation pendant un moment et se hisse sur le bord au terme d'un dernier sprint crawlé.

Assis sur le sol carrelé légèrement chauffé, il se laisse sécher, les yeux fermés, le visage tourné vers le soleil qui fait son apparition.

D'une petite pression du pouce, Miror sollicite le damcom. 5:25. Cette fois, il n'est pas trop tôt pour contacter Alicia. C'est une « spid », elle aussi, elle a les mêmes rythmes accélérés que lui et ne va pas tarder à se réveiller.

Il caresse de la paume le damcom. Guère plus épais qu'un bracelet en argent, l'objet souple épouse parfaitement la forme de son avant-bras et l'enveloppe à moitié. Le damier de communication familier apparaît : quatre cases centrales formant un carré destiné à recevoir du texte et quatre cases sur le pourtour (de C1 à C4) dessinant comme des ailes de moulin où peuvent s'inscrire des odeurs et des sensations.

En C1, il place un minuscule bleuet sauvage qu'il a déniché en intrus dans le parterre horticole impeccable du jardin, il laisse tomber quelques gouttes d'eau de la piscine en C2 et C3, et applique un baiser * sur la dernière case. Alicia découvrira le message sensoriel de Miror avec son nez, ses lèvres ou la pointe de sa langue. Il promène ensuite la pulpe de ses doigts agiles sur les cases du centre et mail-braille son message :

> Miror@ro.me à Alicia#ju. li-5:27
> Ma Lisse
> *(fleur en C1, baignade en C2 et C3, * en C4)*

Le soleil brûle son réveil. Le ciel clair a la couleur de tes yeux. J'ai eu peur cette nuit. Comment te sens-tu ?
TM ma fragile, et le bleuet aussi.

À l'origine, le damcom est un appareil de communication pour non-voyants et non-entendants permettant de transmettre des messages en un superbraille de plus de cent caractères, ainsi que des sensations diverses, des goûts et des odeurs.

Les gens « normaux », s'ils comprennent son fonctionnement, ne le maîtrisent pas. Ils préfèrent utiliser le com classique : une source sonore implantée dans l'oreille et des lentilles de vision directement greffées sur la cornée. Pour les spids, le com classique falsifie la réalité, la transformant en une bouillie d'images et de sons. Ils ont immédiatement adopté le damcom, qui donne la priorité au vécu et aux sens, toujours en éveil.

Miror et Alicia peuvent échanger des caresses, des baisers, des mots doux instantanés, des parfums de fleurs, des larmes salées… Un écrit rapide assorti d'une sorte d'aquarelle sensible du temps juste écoulé.

Son message envoyé (option : vibration d'appel soft), le garçon se détend, laisse aller son dos mouillé sur le sol tiède et glisse dans un de ces microsommeils qui rythment sa journée.

— C'est toi qui as débranché le robodom ?

Miror sursaute. Le soleil est plus haut dans le ciel.

— Tu m'entends ?

Il se redresse, engourdi.

—Oui, papa, dit-il en palpant son damcom d'un geste discret.

7:12 ! Il a dormi près de deux heures. C'est malin ! Alicia lui aurait-elle déjà répondu ?

—Tu sais qu'il est malsain de dormir au soleil avec ces trous baladeurs dans la couche d'ozone...

Miror se relève pour enfiler son tee-shirt anti-UV.

—Je sais, papa...

Papa est un bel athlète aux mâchoires volontaires, mais il est légèrement plus petit que son fils. Des traces de sueur sur son peignoir semblent indiquer qu'il vient de quitter la cabine de musculation matinale. Il tient une forme éblouissante pour ses soixante-cinq ans. Il parle posément, avec une sévérité de circonstance :

—Je n'aime pas que tu sortes avant le réveil de la domoniche.

Le garçon plante ses yeux sombres dans ceux de son père.

—Je n'arrive pas à dormir plus de trois heures d'affilée, fait-il remarquer, le front buté, en se mordant fermement la lèvre au point de la faire légèrement saigner. Ce n'est pas comme toi et maman...

Papa se détourne, contrarié, et embrasse le jardin du regard.

—On dirait qu'il va faire chaud, aujourd'hui...

—Comme d'habitude. Tu as les climatiseurs pour ça.

Papa renoue son peignoir d'un geste mécanique et, baissant les yeux, remarque le bleuet qui achève de se faner sur les dalles.

— Tu as déjà utilisé ton damcom à cette heure matinale ? s'enquiert-il. Alicia sans doute…

— Alicia ou quelqu'un d'autre… Ça te dérange ? lance agressivement Miror en ramenant de sa lèvre blessée une goutte de sang qui lui laisse un goût amer sur la langue.

— Non, mon fils, non… Rien… absolument rien ne me dérange… marmonne papa en allant à la paillote pour remettre le robodom en marche.

Papa traîne un moment, inspecte les arroseurs, feint de jeter un coup d'œil à l'unité de jardinage informatisée. Miror l'observe sans perdre aucun de ses gestes et se détend lorsqu'il s'éloigne enfin vers l'intérieur de la maison. Il est clair que papa aussi bien que maman sont contrariés par l'amour exclusif qui le lie à Alicia et par ces échanges incessants de mots doux qu'ils ne contrôlent pas.

Miror promène ses doigts sur le damcom. Un geste imperceptible qui lui permet de prendre connaissance du message qu'Alicia lui a envoyé :

> Alicia#ju. li à Miror@ro.me-6:25
> Mon Mi
> *(câlins sur toutes les cases)*
> Sois sage, ô ta douleur. Mal dormi aussi. Trop de baisers oubliés. N'oublie pas, à 14:08, RV à la cascade. TM.
> Ta Lisse

Comme s'il pouvait oublier un rendez-vous avec Alicia ! Avant même que Miror ne se perde dans les cases sensorielles, elles le font déjà frissonner sous les caresses et les baisers mêlés.

—À la cascade, ma Lisse... murmure-t-il en s'imprégnant du parfum léger qui émane du message.

Le petit déjeuner rituel, avec les parents qui émergent de leur longue nuit, est plus tendu que d'habitude. Maman se dissimule sous son masque régénérateur. Il est vrai que, dans sa soixantaine bien portée, elle doit traquer la ride qui risquerait d'abîmer son teint de rose. Papa ingurgite son régime avec des rigueurs de chef comptable. Sa journée est chargée. La société d'ingénierie génétique Genopac ne lui paye pas un salaire pharaonique pour qu'il fasse de la figuration. S'il ne parvient pas à vendre demain aux clients irlandais son nouveau concept de porcs dopés au gène d'épinard pour obtenir une viande dégraissée, il décevra certainement les actionnaires. Il va passer la journée à mettre au point ses arguments avec les biotechs de la boîte.

—Quel est ton programme aujourd'hui, Miror? questionne-t-il, la bouche occupée par la mastication méthodique qui convient à sa troisième génération dentaire.

Miror le fixe d'un œil froid.

—Deux heures de cybermaths ce matin. Je suis largement en avance sur le programme, et ensuite...

Maman se raidit, comme si elle craignait d'entendre la suite.

—Ensuite, j'ai rendez-vous avec Alicia, à la cascade.

Maman rougit sous son masque. Papa fronce un sourcil. Un silence épais s'installe. Miror sent qu'après son cauchemar de la nuit il va péter les plombs si ses parents le cherchent.

— Comme si tu n'avais pas mieux à faire, s'énerve papa. Déjà que tu es rivé toute la journée à ton stupide damcom pour échanger des émotions plus que douteuses… Tu as des yeux pour voir et des oreilles pour entendre, non ?

— Vous ne pouvez pas comprendre, grince Miror en se raidissant. Vous ne voyez les choses qu'en spectateurs. Vous ne sentez rien.

— Tu sais, Miror, que ta mère s'inquiète… insiste papa qui fait la sourde oreille. Tu n'as que douze ans… Et à ton âge, il n'est pas bien raisonnable de voir ta petite amie si souvent ; de plus, c'est une fille à problèmes, qui n'a pas de parents légaux mais des tuteurs, un peu dépassés par la situation, qui ne prennent pas toutes les dispositions médicales adaptées à son cas…

Le temps est suspendu. Il prend des allures de rat grignotant un bout de fromage empoisonné. Papa et maman attendent tous deux que le gamin se soumette à leur bon vouloir.

— Alicia et moi, nous sommes des spids. Nous n'avons pas votre patience… commence Miror d'une voix enrouée.

— Tais-toi ! Tu ne sais pas de quoi tu parles, et n'utilise pas ce terme stupide…

— Non, je ne me tairai pas ! Et je sais de quoi je parle ! Votre code génétique trafiqué vous donne à peu près une espérance de vie de tortue des Galápagos…

Vous avez la lenteur des choses qui s'éternisent, et cela vous donne un cœur de pierre…

—Tu… comment ? Retire ça tout de suite ou… ou… s'étouffe papa, les yeux exorbités, sans parvenir à achever sa phrase.

—Moi, bien que né il y a douze ans, j'ai déjà vingt-cinq ans à mon compteur biologique. Tout comme Alicia, abandonnée par ses parents qui n'avaient pas envie de voir ce désastre…

—Nous n'avons pas voulu cela quand nous avons décidé de suivre le traitement, dit maman d'une voix brisée.

Miror hoche la tête, les yeux brûlants de larmes.

—Oh, je m'en doute ! Le vieillissement accéléré de nous autres spids n'est qu'une conséquence imprévue du traitement antivieillesse en vogue il y a vingt ans. Un « effet pervers » comme ils disent dans les médias. Tout se passe comme si la nature avait réagi à ce bidouillage en décidant que des parents disposant d'une longévité accrue auraient une descendance à espérance de vie réduite. Les tortues d'un côté, les spids de l'autre. Histoire d'équilibrer. Maintenant le traitement est interdit, mais ça me fait une belle jambe : je serai mort avant vos premiers cheveux blancs !

Il a craché sa dernière phrase et s'est levé d'un bond, renversant le bol de chocolat qu'il a devant lui.

—Miror, mon petit… implore maman en vain. Ne parle pas comme ça… Nous faisons tout pour te guérir…

—Je ne suis pas malade, hurle-t-il en se ruant vers sa chambre. Juste condamné à disparaître avant l'heure à cause de l'inconscience et de l'égoïsme de votre génération ! Fallait pas me faire !

—Tu n'iras pas voir Alicia. Je t'interdis de quitter la domoniche… Tu m'entends, je te l'interdis… glapit papa, la face congestionnée.

Miror@ro.me à Alicia#ju. li-9:05
(goutte de sang en C2)
Ma Lisse !
Te voir. J'ai si hâte ! Crise avec les vieux. C la N ! Autant demander à une montagne de comprendre le papillon. Leurs climatiseurs de sentiments sont réglés sur sec. Faut qu'on se parle à la cascade… Je vais devoir m'échapper. Ces tortues m'ont consigné à la maison. Je préfère mourir plutôt que de manquer notre RV…
TM

Alicia#ju. li à Miror@ro.me-9:07
(baume de pétales de rose en C3)
Pas d'imprudences mon Mi. Pour ces « tortues », nous sommes trop rapides, mais nous leur devons obéissance. C'est la loi. Nous avons à peine douze ans. C'est bien jeune. Ils peuvent pas comprendre, mais ils peuvent nous faire du mal, beaucoup de mal… Sans le vouloir, comme d'habitude.
TM

Miror@ro.me à Alicia#ju. li-9:08
(larmes salées sur toutes les cases sensitives)

À tout de suite ma Lisse. Je vais m'évader, fais-moi confiance…
TM

2

Tout est plus compliqué, sans autorisation légale. La cascade est à vingt kilomètres. En général, Miror emprunte l'hydromobile de maman pour ses petits déplacements. Mais là, privé de voiture, il est déjà en prison, c'est une sécurité de plus pour les parents, et un défi pour le garçon.

Il se fait oublier pendant la matinée tout en épiant les mouvements dans la maison. Il note le départ de son père, puis prend la décision un peu folle qui a mûri dans son esprit. Depuis sa chambre, au premier étage, il se laisse glisser sur le toit du porche en ardoise et se réceptionne sans encombres dans la terre souple du jardin.

Jusqu'à présent, pas de problème. Il longe la maison à pas feutrés pour atteindre la remise qui se trouve au fond du jardin. C'est un endroit un peu négligé, où on a entassé les vieilleries qui ne servent plus à la domoniche. La porte mal verrouillée ne résiste pas plus de quelques secondes à ses efforts d'effraction. Les yeux écarquillés, Miror devine dans la pénombre poussiéreuse des meubles de jardin démodés et d'autres objets que les humeurs de ses parents ont poussés au rebus. Ce qu'il cherche n'est pas bien loin : le vélo solaire que papa lui a offert pour ses dix ans. Il se souvient qu'en voyant ce solarbike, de la même taille que celui de son père, il avait fondu en larmes, malgré lui. Si on avait voulu lui faire comprendre qu'il grandissait plus vite que les enfants normaux, on ne s'y serait pas pris autrement. Le cadeau malheureux avait été consigné dans cet endroit discret.

Miror dégage l'engin, l'examine d'un œil critique. Il faut regonfler les pneus. Les batteries sont faiblardes, mais parfaitement capables de se recharger à la lumière du jour. Voilà la clé des champs à laquelle ses parents n'ont pas pensé !

Quelques minutes plus tard, Miror dévale la rampe d'accès à la résidence, négociant avec dextérité un virage après l'autre. Le vent lui fouette le visage. Un enivrant sentiment de révolte lui gonfle la poitrine. Papa a prétendu l'empêcher de voir Alicia ? Là, il est allé trop loin. Pour qui se prend-il ? Sait-il ce qu'est le sourire humide de sa Lisse et ce que vaut une minute en sa compagnie, lui qui peut en gaspiller des milliers pour mettre au point des porcs à gène d'épinard ?

> Miror@ro.me à Alicia#ju. li-14:01
> *(caresse du vent en C2, bisous partout)*
> Je suis à la cascade, mon ❤. Je t'attends.
> TM

Il vient d'envoyer ce message triomphant, enrichi de baisers fougueux dans les cases sensitives, et reprend son souffle en longeant d'un pas lent le lac où dorment des nénuphars charnus.

Le site de la cascade est un parc entièrement artificiel que son concepteur a dessiné avec l'ambition de faire renaître l'illusion d'une forêt d'autrefois... mais une forêt sécurisée. Pas de pollens provoquant des allergies, pas de chenilles urticantes, pas de tiques infectieuses, pas de taons mutants dont la moindre piqûre nécessite une hospitalisation. Rien qu'une végétation sage dotée d'un gène Terminator qui empêche toute reproduction naturelle non contrôlée et éloigne les nuisibles, ou considérés comme tels.

Certaines espèces disparues lors de la grande épidémie cryptogamique du début du siècle, tels les ormes et les platanes, ont été reconstituées — oh ! très soigneusement — à coups de synthébois et de feuillage artificiel (ayant même la propriété de jaunir en automne et de tomber aux premiers frimas !). Seul le bruit du vent manque un peu de réalisme et fait penser à du papier sulfurisé qu'on agite.

Miror s'est assis sur une souche, au bord de l'eau. Il massacre une énorme marguerite qu'il a arrachée d'une main distraite. Son regard parcourt l'ersatz de paysage d'un œil impavide. Tout cela, c'est du toc. Une chose fade et sucrée, sans consistance ni personnalité, écœurante à souhait comme ces visiopubs de « paysages enchanteurs » qui traînent sur le com des adultes.

Un jour, la limousine familiale était tombée en panne en bordure d'une *vraie* forêt, en zone non grattée. Papa et maman étaient très inquiets, et appelaient frénétiquement du secours. Échappant à la surveillance de ses parents, Miror avait marché dix pas dans la forêt. L'endroit était magique et miteux : des arbres desséchés, des liserons maladifs s'accrochant à des buissons de sureaux pourrissants et un bourdonnement menaçant d'insectes mutants qui frôlaient d'énormes toiles d'araignée à la géométrie incertaine.

Remarquant son escapade, papa l'avait précipitamment pris par la main pour l'extirper de là. Mais le garçon avait eu le temps de sentir que cette caricature de nature était, paradoxalement, la seule vraie désormais. Utilisant les faibles atouts qui lui restaient pour se reconstruire, cette nature dénaturée par la folie des hommes s'employait à survivre sans eux. Elle disposait de millions d'années pour cela.

Rien de tel dans le faux parc où il se trouve. Seule la cascade, dont les gouttelettes vagabondes accrochent des irisations fantasques au gré de la direction des courants d'air, retient son attention. C'est derrière son rideau mouvant qu'il a embrassé pour la première fois Alicia, après une douche glacée qui les a fait rire et hurler tous les deux à pleins poumons.

Justement… Alicia est en train de rater son rendez-vous de deux minutes. Le garçon retrouve les pressentiments vagues et pénibles du réveil. Sa Lisse ne peut être en retard, elle a eu un empêchement sérieux.

Pour tromper son angoisse, il tripote son damcom et rejoint Carpe-Diem#Final, un site tenu par un spid anonyme, vieillard de vingt-sept ans en train de mourir à petit feu. L'ancêtre produit de temps en temps un poème court, un haïku comme il l'appelle, simplement pour prouver qu'il est en vie et, éventuellement, utile à quelque navigateur solitaire. Le damier délivre son message.

Homme aux bras si longs
Tu plonges dans l'œil des cyclones
Au regard mort

Miror le parcourt plusieurs fois du bout de l'index en s'efforçant de trouver une réponse à son problème du moment. Il croit soudain se retrouver devant le visage fermé de papa. Plus il attend en vain Alicia et plus il pense que son père n'est pas étranger à l'absence de son amie. Les moyens d'agir sont si nombreux pour les adultes, et leurs stratégies si tordues… N'a-t-il pas choisi à une certaine époque de mettre en contact son fils avec une fille souffrant du même programme de vie accélérée que lui ? Une camarade de jeu idéale en vérité ! Il n'avait pas prévu que l'entente serait aussi parfaite entre ces deux éphémères…

Il sent soudain le passage d'une caresse furtive sur son avant-bras. C'est enfin un message d'Alicia :

Alicia#ju. li à Miror@ro.me-14:22
Mon Mi
Catastrophe. Sais pas ce qui se passe. Mes tuteurs ont fait venir un médecin. Batterie de tests. Résultat : examens complémentaires et soins intensifs sous cœur artificiel à faire au centre G8, à plus de cent kilomètres d'ici. Paraît que ma numération de globules rouges n'est pas satisfaisante. Je meurs plutôt à l'idée de plus te voir.
TM
Ta Lisse toute froissée !

Ce message l'atterre. Pas la plus petite odeur, pas même l'amorce d'un baiser humide. Une collection d'informations désolantes et impuissantes sans la moindre lueur d'espoir. Une tombe...

Il lève les yeux vers le soleil cloué au zénith et aimerait pouvoir l'affronter sans fermer les paupières. Un tremblement nerveux secoue ses genoux. Alicia ne viendra pas, ni maintenant, ni demain, ni dans un siècle...

Il prend son élan en trois enjambées et pique une tête dans le lac. L'eau sombre l'accueille comme une amie. Il nage un long moment à l'aveuglette. Sa suroxygénation naturelle lui permet de prolonger une apnée sur dix minutes ; davantage sans doute, car il n'a jamais forcé ce don qui épouvante son entourage.

Son cerveau est en surchauffe comme s'il voulait faire bouillir l'eau du lac... Alors il nage en retenant sa respiration au-delà de ce qui est raisonnable. L'univers ralenti où il évolue est rempli d'insectes aquatiques, de larves...

Il devine qu'il approche de la chute au foisonnement de bulles et au fracas sourd qui se propage dans l'élément liquide où il continue de progresser, invisible à tout regard. Il émerge directement sous la cascade et happe l'air dans un cri. Un cri semblable à celui qu'il a poussé le jour où il a embrassé Alicia.

En quelques brasses vigoureuses, il rejoint le bord, secoue ses cheveux mouillés et escalade l'escarpement rocheux qui se présente à lui. Arrivé au sommet du promontoire, il active son damcom. Il sait exactement ce qu'il va envoyer. Sur les cases sensitives, les quelques gouttes d'eau de la cascade qui subsistent de sa baignade et, bien sûr, le baiser * qui accompagne ce souvenir. Puis des mots, des mots impérieux :

> Miror@ro.me à Alicia#ju. li-14:35
> *(cascade et * en C4)*
> Ma Lisse
> C un piège. Un coup des vieux. Ils veulent nous séparer. T pas malade. Il faut se KC. Prends un sac, des provisions, de l'argent. Dirige-toi vers la mer sans te faire repérer. Tu te souviens des vacances de l'année dernière, des falaises de Termoach et de la chapelle où nous avons fait ce terrible serment ? C à environ 100 km d'ici. Je t'y retrouverai où que tu sois et nous ferons ce que nous avons à faire…
> TM à jamais…

Il a mis une conviction rageuse dans sa conclusion, et passe une main rapide sur ses joues inondées de larmes avant de dégringoler les rochers de la cascade. Il n'y a pas de temps à perdre pour tout perdre, car le serment de la falaise de Termoach est clair : la mort plutôt que la séparation.

3

En arrivant au quartier résidentiel, il abandonne son solarbike dans une allée peu fréquentée proche de la domoniche, en ayant bien soin de l'exposer à la lumière solaire pour achever de recharger les batteries.

Il se glisse comme un voleur dans la maison et monte silencieusement au premier étage. Personne n'a remarqué son escapade. Qui se soucie vraiment de lui ? La porte de la chambre de maman est entrouverte. Il jette un coup d'œil prudent.

Maman est étendue sur son lit, un bandeau noir sur les yeux, et respire régulièrement. Elle a dû prendre des calmants. Ainsi abandonnée, recroquevillée sur sa couche, elle fait presque son âge, avec des petits plis de fatigue autour de la bouche.

—Je te demande pardon, maman, murmure Miror, le cœur serré.

Il se dirige à pas feutrés vers la commode et ouvre quelques tiroirs. Ce qu'il cherche n'est pas vraiment dissimulé. Des cartes de crédit, des porte-monnaie électroniques partiellement utilisés qui traînent par dizaines. Le ménage a tellement d'argent !

Miror rafle le tout. La somme n'est pas bien énorme. Il pourrait laisser un signe ou un petit message, mais il sent qu'il ne trouvera pas les bons mots.

Au même étage se trouve le bureau de papa. Une sécurité en condamne l'accès, mais il y a longtemps que Miror a trouvé la combinaison.

Papa est un homme méticuleux. Rien ne traîne dans son espace de travail, pas le moindre papier, pas le moindre crayon, pas le plus petit journal déployé. Une surface de travail en ébène de synthèse avec son terminal informatique intégré trône au centre de la pièce.

Miror dégage la console principale, néglige la commande vocale et pianote directement sur le clavier.

Les codes d'accès sont enfantins. Il les contourne en trois essais. Ça y est ! L'écran s'affiche sur le mur qui lui fait face. Pauvre papa sous-estimant à ce point ses proches ! Il fera certainement virer tous les responsables de la sécurité informatique suite à cette incursion sauvage. Le garçon jette un coup d'œil rapide à l'ensemble des dossiers. Tout est là, bien rangé, avec de multiples sauvegardes dans une unité secondaire autonome partiellement masquée : les projets achevés, les recherches en cours, les montages financiers, l'échange de courrier avec quelques généticiens célèbres. Il y a bien sûr un dossier « Guérison Miror » qu'il jette dans la corbeille, sans même le consulter, avec un haussement d'épaules.

Pendant quelques minutes, il entreprend de démolir consciencieusement trente ans de travail de ce père orgueilleux et infatigable. Il ne se contente pas de supprimer, il crée des sinusoïdes de destruction retardée, injecte des virus dormants, met en sentinelle des inverseurs de logique, vérole le système jusqu'à la moelle, infectant jusqu'aux sauvegardes en y plaçant des bombes sensorielles empruntées au damcom. Un authentique jeu de massacre !

Il apporte un soin tout particulier au sabotage des derniers projets : les porcs truffés aux gènes d'épinard, les chiennes-nourrices aux mamelles produisant du lait humain, les fourmis domestiques avaleuses de poussière, les ordinateurs naïfs conçus à partir d'embryons humains, les arbres fixant les métaux lourds et se transformant au fil des ans en statues de bronze à la gloire de l'inventivité humaine… Une boîte de Pandore…

Papa aime bien plaisanter, mais il a le don d'étayer ses blagues d'une liste de manipulations génétiques très précises et de les transformer en brevets que l'industrie lui paie à prix d'or.

Son massacre achevé, Miror ouvre un tiroir pour chercher un morceau de papier. Il tombe nez à nez avec une arme. C'est un bousculeur de petite taille, créant une onde de choc capable d'assommer un éventuel agresseur à courte distance.

— C'est mieux que rien, murmure-t-il en empochant le pistolet. Merci papa !

Il trouve enfin un stylo et un bout de papier pour écrire un message :

STP PAPA, FOUS LA PAIX À MA COURTE VIE. ADIEU. MIROR.

Ce qu'il vient de faire est irrémédiable. C'est un coup à le faire mettre en camisole chimique pour le restant de ses maigres jours. Personne n'élèvera la voix pour le défendre, aussi est-il urgent qu'il mette les voiles…

Son sac est rapidement sanglé sur le porte-bagages du solarbike. Miror enfourche l'engin. Il a hâte de quitter ce quartier. Le petit moteur, logé dans le moyeu de la roue arrière et alimenté par les batteries solaires presque entièrement rechargées, lui permet d'avaler les premiers kilomètres à toute vitesse.

Grâce à un maillage de photos-braille satellite d'une précision de l'ordre du décimètre, son damcom lui a fourni un itinéraire des plus discrets jusqu'à son lieu de rendez-vous avec Alicia.

Il traverse maintenant les terrains vagues de la ZNG

qu'on appelait autrefois « campagne ». Il suit des chemins forestiers incertains, d'anciennes routes bitumées ou, parfois, de simples trouées dans la végétation.

Il a calculé que le vélo solaire lui permettrait de rejoindre la mer en deux ou trois jours, en comptant les éventuelles fausses pistes et les détours pour éviter les agglomérations.

Il fait une première pause en fin d'après-midi. Le soleil cogne encore dans le ciel vide de nuages. Il vaut mieux l'éviter. Le solarbike, en revanche, pourra profiter de cette manne photovoltaïque pour achever de gonfler ses réserves.

> Miror@ro.me à Alicia#ju. li-17:07
> Ma Lisse
> *(graine de pavot en C2, poussière de chemin sur les autres cases)*
> Suis en route pour Termoach. Ai saboté le travail de papa. Plus de retour en arrière possible. Je pense à toi en pédalant. J'ai hâte de te serrer dans mes bras. T hou ? Damcom-moi, vite…
> TM

L'attente n'est pas bien longue. Il a un message en retour, qu'il parcourt avec avidité.

> Alicia#ju. li à Miror@ro.me-17:16
> Mon Mi
> *(pression de la main : pouce, index, majeur, auriculaire répartis fermement sur les quatre cases sensorielles)*

Ça y est. Ai largué moi aussi les amarres. N'oublie pas ce que dit la Juliette de notre complice Shakespeare : « Il me faudra de tes nouvelles à chaque heure du jour car il y a tant de jours dans une minute. » Sur la falaise de Termoach, nous serons en colère ensemble... Trouvé un déguisement pour faire du stop. Devine.
TM
Ta Lisse

Miror se couche sur le dos. Alice lui a laissé une devinette sous forme d'énigme. Il essaie en vain de se représenter son déguisement. Elle aime bien piquer son imagination, c'est sa façon de rester présente, même quand elle n'est pas là.

Il a dû dormir une petite heure. Les ombres se sont allongées et il ne reconnaît pas tout de suite l'endroit où il s'est assoupi. Il doit reprendre la route, mais n'est plus très sûr de son itinéraire.

La petite route défoncée qu'il a suivie un long moment s'est brusquement effacée et il se retrouve devant une étendue sauvage, infestée d'*Orchis major* dont l'odeur sucrée jusqu'à l'écœurement attire des nuées d'insectes. Cette plante de près de deux mètres de haut fait partie de ces espèces transgéniques qui, suite à des expériences inconsidérées d'OGM en plein champ, ont pris le maquis en se métissant à une innocente variété d'orchidée de prairie. Elle s'adapte à n'importe quel terrain, marécageux ou aride, pour y faire triompher ses hautes tiges creuses et son abondante floraison. Ses rhizomes étouffent toute concurrence, et les graines que lancent ses fruits germent en moins de trois jours, été comme hiver. Sa croissance rapide laisse peu de chances aux autres végétaux et elle colonise jusqu'aux troncs d'arbre, dont elle pompe la sève. Une vraie tueuse.

Miror pousse un soupir et s'engage dans le champ d'*Orchis* en poussant son vélo devant lui. Il bataille ainsi jusqu'à la tombée du jour. Ce maquis spongieux ne paraît pas avoir de limites. D'énormes toiles d'araignée se collent à son visage. Il chasse en vain les mouches agressives qui sont attirées par sa sueur et qui le piquent sans pitié.

Alors qu'il commence à se décourager, il aperçoit un espace dégagé en bordure d'un étang envahi de roseaux. Un éboulis de pierres indique l'emplacement d'une ancienne ferme que ses occupants ont préféré dynamiter avant de l'abandonner. C'est souvent de cette manière désespérée que les paysans ont quitté leurs terres devenues inexploitables.

Miror juge que l'endroit fera un bivouac acceptable avant l'étape du lendemain. Il installe sa couverture de thermoplast dans un espace dégagé et entreprend distraitement de se débarrasser des tiques qui collent à sa peau. Il en dénombre une bonne cinquantaine. La moindre morsure de ce parasite présent dans chaque touffe d'herbe non traitée peut entraîner des variantes mortelles de la maladie de Lyme à évolution lente. Mais c'est précisément cette lenteur qui fait que Miror n'en a cure…

Pour le moment, il y a plus urgent. Il tire de son sac une conserve. Sa faim est si impérieuse que, sitôt le contenu de la première boîte englouti, il en dégoupille une deuxième, qui se réchauffe instantanément en dégageant une simili-odeur de bœuf bourguignon accompagné de pommes de terre et de carottes ; seule la couleur est appétissante.

L'atmosphère est oppressante et agitée. Des nuées de vers luisants vrombissent autour de ses oreilles et se jettent dans sa nourriture. Une énorme lune rousse se hisse au-dessus des crêtes squelettiques des arbres. Pas un cri d'oiseau nocturne, mais uniquement un bourdonnement d'essaim en folie. Dégoûté, il regarde la boîte remplie d'insectes en train de s'engluer dans la sauce et la jette au loin. C'est le moment de contacter Alicia en mode instantané. Il n'a pas le temps et l'énergie de composer un vrai message.

> Miror@ro.me à Alicia#ju. li- 21:53
> Comme je te connais, tu t'es déguisée en garçon.
> TM malgré tout !

La réponse ne tarde pas.

> Alicia#ju. li à Miror@ro.me-21:54
> Raté mon doux. Tu mérites pas le baiser du soir.

Miror sourit. Elle est quelque part dans la région, peut-être à vingt kilomètres à peine à vol d'oiseau, et elle se dirige vers leur rendez-vous.

Miror@ro.me à Alicia#ju. li-21:55
Alors, tu t'es déguisée en vieille sorcière, ma Lisse.
TM

Alicia#ju. li à Miror@ro.me-21:55
Toujours raté. Je suis une respectable femme enceinte.
TM aussi mon Mi.

Miror se mord les lèvres comme chaque fois qu'une émotion trop vive le saisit. Il sait bien qu'Alicia n'est pas enceinte. Ils n'ont pas eu, tous deux, le genre de rapport physique qui permet cet état. Il sait également que si, dans un avenir improbable, cela arrive, aucune instance médicale légale n'autorisera cette grossesse…

Il sursaute soudain, car il vient d'entendre un bruit dans les fourrés. Il se saisit de son bousculeur et pointe sa torche vers les buissons où il a lancé sa boîte de conserve. Il accroche une paire d'yeux qui luisent dans l'ombre. Lorsqu'il s'approche, un grondement menaçant prend naissance. C'est un chien galeux, tapi sur le sol, une patte possessive posée sur les restes de nourriture qu'il vient de trouver.

— Ah, tu as faim ? fait Miror, plutôt soulagé.

Un chien errant, c'est infiniment mieux qu'un éventuel robokeuf mandaté par papa et lâché à ses trousses avec l'accord de la Genopac. Il ouvre une nouvelle boîte — ce n'est pas la mauvaise bouffe qui manque ! —, la pose devant lui et recule de quelques mètres. L'échine basse et les oreilles rabattues, l'animal avance lentement. C'est une grande chienne de race indéfinissable, et son pelage a dû être blond avant d'être couvert de croûtes et de parasites par centaines. De ses babines retroussées, il ne pointe qu'une canine, dans un rictus de travers. Elle fait peine à voir.

—Pauvre vieille, murmure Miror en approchant d'un pas.

Le râle sourd qui accueille sa tentative de contact suspend la manœuvre. Miror hausse les épaules.

—Comme tu voudras ! fait-il en retournant à son damcom.

> Miror@ro.me à Alicia#ju. li-22:10
> *(bout de ronce bien piquant en C1)*
> Ai pas perdu mon temps, moi non plus. Rencontré une blonde comme toi… Elle a 2 oreilles tombantes, 1 queue cassée et il lui manque 1 dent de devant dans la gueule. Son ventre est creux contrairement au tien. Enceinte, toi ? Tu aurais pu m'attendre pour faire ça. Comment as-tu fait, vilaine ?
> Ton Mi très jaloux

La réponse revient comme un écho malicieux :

> Alicia#ju. li à Miror@ro.me-22:13
> *(pincée de sel sur C1 et C2)*
> Petit coussin ceinturé sous robe d'été = femme enceinte. On me bichonne, on me transporte. J'invente des histoires, mais qu'à 1/2… Je dis

que je rejoins père de l'enfant contre avis de mes parents… Tout le monde me donne raison.
Je t'embrasse mon Mi. Tention aux baisers de ta blonde édentée : elle a peut-être la rage.
Ta Lisse qui va dormir un peu.
TM ++

La chienne a disparu en voleuse, son repas avalé jusqu'à la dernière miette. La lune s'est installée en plein ciel comme un projecteur blafard, et les vers luisants ont cessé leurs rondes. Miror se glisse dans son sac de thermoplast et s'endort aussitôt en songeant au doux relief du TM ++ d'Alice qui chatouille encore la pulpe de son index.

Le jour n'est pas encore levé qu'il a repris sa route. Ses lunettes de vision nocturne lui permettent de retrouver le tracé d'un ancien canal dont il longe les eaux uniformément recouvertes de lenticules. Cette fois, il se situe à nouveau sur son plan.

L'aube lui envoie une brume soufrée qui stagne au niveau du sol. Il décide de faire halte près d'une vieille écluse aux passerelles rouillées. Il est encore un peu tôt pour envoyer un message à Alicia en mode instantané. Il « relit » l'envoi de la veille, et ses doigts s'attardent sur l'écriture familière qu'il reconnaîtrait entre mille. Les cases sensorielles lui renvoient le message salé de la veille et la caresse furtive de la main de la jeune fille effleurant le damier de leurs précieuses confidences. La présence de sa Lisse lui manque.

Miror pousse un soupir. Que lui dira-t-il en la revoyant ? Il y a ce terrible serment de la falaise. Ils se sont juré solennellement de mettre fin à leurs jours plutôt que de se voir séparés. Mais il y a un monde entre une résolution aussi définitive et le passage à l'acte. Se jetteront-ils dans le précipice en se tenant par la main pour se donner un peu de courage ?

Son expérience de la vie est si mince malgré ses vingt-cinq ans d'âge biologique, et il n'a pas encore vraiment apprivoisé l'idée de la mort, bien qu'il sache son rendez-vous avec elle anormalement proche.

Alors que son regard s'attarde vers l'autre berge, où s'alignent à perte de vue des peupliers desséchés, il sursaute car il vient d'apercevoir une silhouette irréelle dans les bancs de brume. C'est la chienne de la veille. Elle l'a suivi comme une ombre discrète, à distance prudente, et lève sa truffe pour capter une odeur amicale.

— Alors Hunedent, on est copains ? lui lance Miror.

L'intéressée, paraissant apprécier son nouveau nom, donne quelques coups de balancier de sa queue pelée et disparaît dans le brouillard.

— Tu reviendras quand tu auras faim ! s'exclame le garçon, beau joueur.

Cette apparition matinale lui a fait du bien. Il se sent moins seul. En consultant les cartes à tâtons, il constate avec satisfaction qu'il a couvert un bon tiers du trajet. Il se pourrait pourtant qu'Alicia, empruntant des moyens de transport plus rapides que lui… vu son état, arrive à destination la première. Ah, s'il pouvait arriver à Termoach avant la nuit. Il appuie de plus belle sur les pédales, et le solarbike avale à toute allure les sentiers défoncés qui longent le canal.

Au bout de quelques heures de ce régime, éreinté et accablé par la chaleur, il fait une pause pour détendre ses muscles contractés. Il constate avec une grimace que sa gourde est vide. Malgré sa méfiance, il va devoir rejoindre la civilisation. Là, sous son doigt posé sur la carte, tout près de l'endroit où il se trouve : un bled. Il se remet péniblement en selle.

4

Aux abords de l'agglomération, un immense bâtiment écrase le morne paysage. C'est un complexe agro-industriel : silo ras la gueule de blé et de maïs transgéniques dans la partie supérieure, abattoir automatisé au-dessous, unités de retraitement des déchets un peu plus bas et usine de conditionnement en sous-sol. Des files de camions blancs sortent et rentrent inlassablement du bunker. Ça gronde comme une fusée sur le point de décoller et ça pue…

Le panneau placé à l'entrée de la bourgade est illisible. Un pont enjambe une rivière aux eaux encombrées de longues algues brunes. Miror se sent mal à l'aise. Les rues bordées de maisons aux fenêtres poussiéreuses lui paraissent hostiles. Comme souvent dans les ZNG, les anciennes habitations trop insalubres ont été abandonnées. Seuls les gens qui n'ont pas les moyens les occupent encore, luttant sans beaucoup d'espoir contre les cafards mutants et les termites qui infestent les charpentes. Sur les trottoirs, le long des corniches et dans les gouttières défoncées, une végétation parasite s'installe : du lierre, des pousses de sureau, du chiendent d'un vert phosphorescent et l'inévitable *Orchis major*, incrustée partout.

Il tombe enfin sur une petite place où se regroupent quelques commerces miteux. Il entre dans la première supérette qui se présente. Le caissier le suit longuement du regard alors qu'il se sert en eau minérale et en biscuits secs dans les rayons.

—En vadrouille ? fait-il, soupçonneux, lorsque Miror lui présente ses achats.

—De passage, répond le garçon. J'essaie mon nouveau solarbike.

—J'ai vu ça, jette le bonhomme en mâchonnant la moustache grise qui déborde sur sa lèvre supérieure. Un bel engin, qui vaut son prix…

La premier porte-monnaie électronique est presque vide. Miror en sort un deuxième pour payer ses marchandises.

—Ça devrait faire le compte…

Une paire d'yeux inquisiteurs le détaille avec insistance.

—C'est dangereux de se balader seul dans cette campagne pourrie…

Miror sent de l'agressivité dans la remarque. L'autre a dû flairer un spid. Ça tient à quelques détails. Pour ce genre de type, un spid, c'est une erreur de la nature. Et une erreur, ça se corrige.

—Salut ! lance Miror en sortant un peu trop vite du magasin, ses provisions sous le bras.

Il les jette en vrac dans son sac, enfourche sa bécane et pique un sprint pour sortir de l'agglomération. Il oblique vers les berges de la rivière. Il a envie de s'arrêter pour boire un peu d'eau et envoyer un message à Alicia, mais il juge plus prudent de mettre quelques kilomètres supplémentaires entre lui et ce commerçant fouineur.

Depuis un moment, il longe des prés clôturés. Il y aperçoit même des moutons rachitiques qui tondent l'herbe jaunâtre. Il y a donc encore des fermes à l'air libre ? Qui a bien pu installer son exploitation dans une zone non grattée ? C'est un mystère…

Soudain, au détour du sentier, il freine à bloc. Un robokeuf à chenilles se dresse devant lui. La créature de métal lui barre la route. Ses six yeux de repérage clignotent en mode alerte et ses bras multiples pointent dans sa direction les armes habituelles : filet de capture, lance-fléchettes anesthésiantes, *shot-balls* au marquage indélébile, gaz inhibant, etc. Le modèle est un garde champêtre local, pas très agressif, mais quand même… C'est certainement le faux jeton de la supérette qui l'a prévenu.

— Ne bougez pas ! Couchez-vous, la face contre le sol ! Calmez-vous ! Tout se passera bien si vous ne résistez pas ! lance l'engin d'une voix maternelle bien timbrée.

Miror se sent perdu. Le bousculeur est dans sa musette mais, s'il bouge ne serait-ce que d'un poil, il va se prendre une volée de fléchettes qui le plongeront aussitôt dans le sommeil.

C'est à cet instant qu'un allié inattendu se manifeste : une petite boule d'énergie qui bondit férocement sur la machine. C'est Hunedent dans un état de surexcitation incroyable. La chienne s'est approchée en tapinois et a placé une attaque fulgurante. Elle doit avoir un compte personnel à régler avec les robokeufs. Elle s'attaque férocement aux bras de la mécanique ambulante avec la seule force de sa gueule écumante, comme si elle voulait les arracher.

La lutte est inégale. Hunedent est rejetée à quelques mètres, et un filet d'acier s'abat sur elle pour l'immobiliser. La diversion a pourtant permis à Miror de se saisir de son bousculeur. Réglée à pleine puissance, l'arme envoie une bonne onde de choc à l'adversaire.

Le robokeuf bascule et roule dans l'herbe en contrebas. Ses organes de sustentation battent l'air à la recherche d'une prise qui lui permettrait de se remettre sur ses chenilles. Le garçon, enhardi, s'approche et presse à plusieurs reprises sur la détente. Chaque décharge à courte distance claque sur le blindage, dérègle peut-être quelques circuits, mais n'achève pas cet adversaire coriace. La situation va immanquablement se retourner en faveur du robokeuf.

— C'est quoi, ce cirque ?

Cette fois, c'est un homme qui intervient. Déboulant de nulle part, il a franchi le talus qui borde le chemin au volant d'un tracteur à éthanol dont les trois puissantes paires de roues labourent le sol. Il se jette sans la moindre hésitation sur le robokeuf et l'envoie rouler un peu plus loin. Le temps d'une manœuvre, et c'est toute la masse du tracteur qui passe sur le corps du monstre de métal. Le blindage cède dans un craquement, mais la démonstration n'est pas terminée. Une gigantesque pelle mécanique s'abat sur le robokeuf, le ramasse tout gigotant et l'expédie dans la rivière, où il s'enfonce dans un crépitement de courts-circuits.

—Ah, tout de même ! gronde le pilote du tracteur en sautant de son engin.

C'est un solide gaillard à la face burinée pratiquement dépourvue de sourcils et au crâne rasé. Il prend Miror dans ses bras, s'inquiète :

—Tu n'as rien ? Je déteste ces saloperies. Il y a longtemps que je voulais m'en payer une. De toute façon, elle n'a pas le droit de se promener sur mes terres sans mon autorisation.

Son visage halé s'éclaire d'un grand sourire.

—T'es un spid, toi aussi ?

Il n'attend pas la réponse et se penche sur la chienne, toute pantelante, qu'il dégage de son filet.

—On dirait qu'elle a morflé. Dis donc, elle est plutôt mal en point ta copine…

—Je ne la connais pas, bredouille Miror. Elle me suit depuis hier, je lui ai donné à manger et là, elle m'a secouru sans que je sache pourquoi. Je l'ai appelée Hunedent, mais je n'ai pas réussi à la toucher.

—Eh ben ! Elle t'aime, la gueuse !

Mart (c'est le nom du sauveur de Miror) habite une ferme assez imposante dont une partie de la toiture effondrée est couverte de tôles, de chaume et de pierres plates. L'endroit est surprenant : encombré de vieux meubles et de livres empilés sur des caisses superposées. Il y a même une antique horloge mécanique qui égrène un temps paraissant appartenir à un autre siècle.

—J'ai récupéré ces vieilleries dans les maisons abandonnées, explique-t-il. Qui lit encore des livres à notre époque ? Ça parle d'une nature qui n'existe plus et d'hommes qui vivaient avec d'autres espérances...

Mart est un vieux spid de vingt ans, mais il ne compte plus vraiment les anniversaires. Il tient une petite exploitation autonome en ZNG. Il vit seul sur ses terres, légalement achetées, et ne se pose pas de questions. Lorsqu'il sera incapable de se hisser sur son tracteur, il avisera...

En moins d'un quart d'heure, Miror et Mart ont échangé tout ce qu'ils avaient à échanger et, maintenant qu'ils se connaissent complètement ou presque, ils s'occupent tous deux de Hunedent. Installée comme une reine sur un divan, elle se laisse faire, confiante, les yeux chavirés, tirant de temps en temps une langue furtive de sa gueule de travers. On dirait que ses blessures lui donnent enfin le droit de se laisser dorloter par des mains humaines. Mart la débarrasse méthodiquement de ses tiques.

Un peu plus tard, alors qu'ils partagent un repas où les conserves du fugitif se mélangent à la ratatouille de légumes que Mart entretient en permanence sur sa cuisinière, Miror active son damcom, le cœur battant.

Mart l'observe, l'œil brillant. Il sait tout du couple, mais Miror ne lui a pas parlé du serment de Termoach.

—Elle doit être canon ta copine !

—Alicia est très belle. J'espère qu'il ne lui est rien arrivé.

L'intérêt que manifeste Mart pour le damier de communication fait que, pour la première fois, Miror accepte de partager avec quelqu'un un message de sa Lisse.

— Waouh ! C'est épatant ce truc, s'extasie Mart en voyant la grille magique s'activer sur le mince bracelet que porte son hôte.

> Alicia#ju. li à Miror@ro.me-19:05
> Mon Mi,
> Je suis à Termoach. La mer est d'autant plus grise que tu n'es pas là. Je t'attends à la chapelle.
> TM

Mart, guidé par le garçon, a passé ses doigts et sa langue sur les cases sensorielles.

— Impressions d'embruns, de sable et de bruyère, murmure-t-il. On a l'impression d'y être corps et tripes, pas juste avec les yeux et l'imagination.

Miror l'arrête alors qu'il s'apprête à décrypter la dernière case en avançant les lèvres.

— Ça, c'est uniquement pour moi, dit-il en rougissant.

— Ouais, je comprends, petit veinard ! Je ne voudrais pas prendre en voleur ce qui ne me revient pas... Qu'allez-vous faire à Termoach ? C'est la tempête, j'ai entendu dire. Vous seriez mieux ici... Il y a de la place... On pourrait même faire venir d'autres spids grâce au damcom. Ce ne sont pas les occupations qui manquent ici.

Miror ne répond pas. Il n'a ni envie de mentir ni

envie de parler de son funeste projet. Mais sa moue est suffisamment accablée pour que Mart devine ce qui est en jeu.

—Ah, bravo! grommelle ce dernier, la mine sombre. C'est tout ce que vous avez trouvé tous les deux? J'aurais mieux fait de te laisser entre les pattes du robokeuf, ça laisserait au moins une chance à ta copine.

Miror baisse les yeux. Il n'ose affronter le regard de son hôte, qui le soupèse sans complaisance.

—Que veux-tu qu'on fasse? réplique-t-il d'une voix sourde. Qu'on se laisse enfermer dans des instituts spécialisés où on nous confisquera nos courtes existences?

—Et ça? rétorque Mart en balayant d'un geste large la pièce délabrée, ça a l'air d'un institut? Moi, je vais aller me coucher. Bonne nuit!

Ils se sont séparés au petit matin.

—Alors? On se dit adieu ou au revoir? s'enquiert Mart en le serrant dans ses bras.

Miror avale sa salive et se tait, le front buté.

—Je vois... Bon, je ne t'en veux pas, tu as encore le temps de réfléchir, Roméo! Tiens, j'ai un petit cadeau pour toi. Je n'ai pas réussi à fermer l'œil de la nuit, par ta faute...

Il lui tend une petite planche de bois clair, soigneusement polie.

—C'est un damier de communication à ma façon, explique-t-il.

Un large sourire plisse son visage ridé. Miror

retourne le cadeau d'une main tremblante. C'est un damier de communication parfaitement imité avec son carré de quatre cases centrales soigneusement gravé dans le bois tendre et ses quatre pétales additionnels formant comme un petit trèfle porte-bonheur.

—Tu vois, je l'ai bien copié, glousse Mart. Lis-le comme d'habitude, on va voir s'il fonctionne.

Miror ferme les yeux, l'estomac noué, en avançant une main tremblante. Il n'a jamais goûté à ce genre de cadeau, et encore moins à l'amitié.

Il explore d'abord les cases sensorielles extérieures, sur lesquelles Mart a collé des trucs.

—C1 : du sable mouillé, c'est pour Termoach où je vais. C2 : un bout de fer ; le robokeuf que tu as démoli...

—Bravo ! commente Mart, ravi d'avoir été compris sur ses deux premières cases.

—C3 : des poils d'animal. C'est Hunedent...

Son doigt glisse vivement sur la quatrième case sensorielle, celle qui en général évoque un sentiment plus complexe.

—C4 : une fleur, c'est une fleur des champs avec de petites feuilles. Une odeur légère... Je connais... un myosotis !

Mart émet un gloussement :

—Exact, on voit que tu as de l'entraînement : myosotis, autrement dit oreilles-de-souris, ou dans d'autres langues *Forget me not* ou *Vergiss mein nicht*. Ce qui veut dire, dans le langage des fleurs : « Ne m'oublie pas »... Attention, en prime, il y a un message sur les cases centrales. Il n'est pas de moi, je l'ai trouvé dans un des bouquins qui moisissent sur mes étagères. C'est d'un mec mort il y a très longtemps, un Grec nommé Pindare. Tu en feras ce que tu voudras.

Les doigts de Miror s'activent avec fébrilité sur l'écriture grossière gravée dans le bois :

« Ô mon âme n'aspire pas à la vie éternelle, mais épuise le champ du possible. »

Il se répète le message, tout étourdi, et pose la planche sur le porte-bagage de son solarbike. Il vient de prendre une curieuse résolution. D'un geste lent, il détache le damcom de son poignet, tapote quelques commandes sur le bouton poussoir principal et le tend à Mart.

— Tiens, je te le donne.

Mart sursaute. C'est à lui d'être estomaqué.

— Mais… et Alicia… et votre rendez-vous sur la falaise… Je ne peux pas… Tu vas en avoir besoin.

— Plus maintenant. Je sais que je vais la retrouver et nous n'aurons plus besoin que d'un unique damcom, le sien… D'ailleurs celui-ci ne m'appartient plus, je viens de le réinitialiser. Prends-le… Je te conseille de chercher un contact : Carpe Diem#Final. Tu y trouveras un ami qui te ressemble… Et puis, je t'écrirai… peut-être…

5

Miror a quitté la maison sans se retourner, la tête penchée sur ses jambes qui appuient mécaniquement sur les pédales. Des larmes lui brûlent le coin des yeux sans qu'il sache au juste pourquoi.

Il a décidé d'éviter systématiquement les agglomérations et les habitations, qui d'ailleurs se font rares à mesure qu'il s'approche de la mer. Les quelques arbres qui dominent les haies sont courbés presque jusqu'à terre par les vents d'ouest dominants, et des landes rases et stériles ont succédé aux prairies pelées et aux petits bois poussiéreux. La progression de Miror s'en trouve facilitée, mais, à mesure qu'il approche du lieu du rendez-vous, le garçon sent sa poitrine se comprimer.

Est-ce ainsi que tu te réjouis de revoir ta Lisse ? se reproche-il, sans réussir à chasser cette crispation obsédante.

Une brusque bourrasque le surprend en milieu de journée, alors qu'il n'est plus qu'à quelques kilomètres des falaises. Il tente de se réfugier contre un rocher, le dos martelé par de grosses gouttes mêlées de grésil. Il se sent misérable sous le déluge glacé.

Il est en train de se demander s'il ne va pas sortir sa toile de thermoplast pour se protéger des éléments déchaînés, lorsqu'un jappement bref attire son attention. C'est Hunedent qui déboule, le poil plaqué par la pluie et la gueule tordue par ce qui finit par ressembler à un sourire de travers. La chienne se secoue, rajoutant une bonne douche à l'eau du ciel. Miror éclate de rire :

— Alors, finalement tu m'as choisi ? fait-il en caressant la tête tendue de l'animal. Tu risques d'être déçue…

Ils partagent un repas inconfortable et, à la première

accalmie, reprennent la route ensemble sous un ciel tourmenté où filent des nuées menaçantes. Hunedent trottine à côté de la bicyclette, dont les batteries solaires s'épuisent, ou prend les devants comme si elle devinait le chemin. Miror a de la peine à reconnaître le paysage. La falaise s'est effondrée à plusieurs endroits, redessinant la côte déchiquetée par un violent ressac. L'atmosphère est lugubre. Ce n'est pas comme ça qu'il imaginait ses retrouvailles avec Alicia.

La chienne s'est immobilisée devant une ancienne chapelle moussue dont le toit en pierre a résisté aux éléments. Malgré sa solidité, ainsi juchée au bord de la falaise qui recule, la petite construction n'en a plus que pour quelques mois avant de se fracasser dans l'océan qui rugit son appel en contrebas.

Le cœur de Miror bat la chamade alors qu'il s'approche. Une silhouette familière vient de faire son apparition. Son écharpe de couleur vole au vent comme une aile d'oiseau de rêve se détachant sur le ciel gris.

—Ma Lisse !

—Mon Mi !

Ils se rejoignent, s'embrassent, se serrent l'un contre l'autre, avec Hunedent qui bondit autour d'eux.

—Tu es venue avec ta copine blonde ! taquine Alicia.

—Et toi, tu n'es plus enceinte ?

Ils se frottent le bout du nez pour confondre leurs yeux et, l'instant d'après, unissent leurs lèvres dans un baiser qui pourrait durer des siècles.

—Comme tu es belle… murmure Miror. Tu as la peau si douce…

Ils n'arrivent plus à se lâcher, ni des mains ni du regard. Pourtant, ils se dirigent vers le bord de la falaise. C'est la conclusion prévue de leurs voyages parallèles.

À mesure qu'ils s'approchent du gouffre, le rugissement de la mer féroce et le vent qui les bouscule semblent vouloir les empêcher d'avancer. Les éléments savent peut-être ce que le couple est venu faire en haut de cette falaise, mais de quoi se mêlent-ils ?

—C'est effrayant, dit Alicia en frissonnant.

—Oui… Il y a des endroits plus rassurants, répond Miror en serrant le corps frêle de la jeune fille contre lui de peur qu'elle ne bascule accidentellement dans le vide. Je voulais te dire… Dans mon voyage… J'ai rencontré un spid…

—Je sais…

Elle sourit, et d'un commun accord ils s'éloignent du précipice hurleur pour pouvoir parler tranquillement.

—Un dénommé Mart m'a envoyé un message sur le damcom que tu lui as offert sans me prévenir… J'ai cru comprendre que c'est ton ami…

—Mart ? Ah, il n'a pas perdu de temps, celui-là ! s'exclame Miror.

—Il m'envoie des odeurs de légumes cuisinés, de meubles passés à la cire d'abeille, de livres poussiéreux et d'autres vieilleries. Et il y a un message dans les cases centrales…

—Que dit-il ?

— Oh, c'est assez énigmatique, fait-elle avec une petite grimace. Ton copain écrit : « Le temps d'aimer est bien court. Je vous attends. Chez moi, c'est chez vous »… Comment dois-je prendre cela ? Est-ce une avance selon toi ?

Elle a pris son petit air taquin qui la rend irrésistible. Miror l'enlace fermement de ses deux bras serrés et tourne si vite sur lui-même que les jambes de la jeune fille quittent le sol dans ce tourbillon. L'instant d'après, ils roulent dans l'herbe et se retrouvent face à face, mêlant leurs souffles. C'est la plus délicieuse des cases sensitives.

— Ma Lisse, que penses-tu d'aller le vérifier sur place ?

— Ouah ! approuve Hunedent.

Marée descendante

Jean-Pierre Andrevon

La première nouvelle de Jean-Pierre Andrevon est parue dans le numéro de Fiction *daté de... mai 68 ! Sans doute faut-il voir dans ce clin d'œil du destin une clé de l'œuvre de l'auteur. En effet, derrière l'écrivain foncièrement pessimiste qui n'hésite à faire périr l'humanité dans une foultitude de catastrophes dont* La Dernière Pluie *qui ouvre cette anthologie n'est qu'un modeste échantillon, il y a l'éternel utopiste, celui qui a fait sien le fameux slogan de Gébé, l'auteur de L'An 01 (paru en 1970) : « On arrête tout, on réfléchit et c'est pas triste. »*

Commencé en 1969, poursuivi près de trente ans plus tard, le cycle de Gandahar *(qui, avec* Les Rebelles de Gandahar *paru en 2002, en est à son cinquième opus) occupe une place à part dans l'œuvre de l'auteur. Fuyant leur planète ravagée par la pollution et les conflits, les Terriens ont essaimé dans tout l'univers. Certains ont débarqué sur la planète Tridan. Là, profitant d'une nature douce et accueillante, ils ont trouvé le bonheur et vivent en harmonie avec la nature, loin des anciennes technologies polluantes. Régulièrement, ce paradis écologique est menacé, car l'utopie est une fleur fragile.*

Paradoxalement, l'utopie pointe son nez dans Marée descendante, *une nouvelle post-cataclysmique très andrevonienne. Mais faudra-t-il des milliards de morts avant qu'elle ait droit de cité sur la Terre ?*

Demain la Terre. Mais quelle Terre ? Car nous n'avons pas de planète de rechange. Et nous ne pourrons pas fuir sur Tridan.

*(*Marée descendante *est un hommage à* La Vague montante, *de Marion Zimmer Bradley, une étonnante nouvelle écologique avant l'heure, parue en 1955.)*

« Nous sommes engagés dans une gigantesque expérimentation sur l'état de la vie de notre planète, qui risque de réduire à néant le merveilleux résultat de plusieurs milliards d'années d'évolution cosmique. Nous en observons déjà de nombreux effets désastreux, et nous surveillons avec anxiété et même angoisse ceux qui vont suivre. C'est que, contrairement aux scientifiques expérimentateurs qui peuvent se débarrasser de leurs éprouvettes quand elles s'enflamment, nous sommes, nous, dans l'éprouvette avec nos enfants et nos petits-enfants. »

(Hubert Reeves – *Le Monde*, 11 mai 2002)

« La vie terrestre est robuste. Elle a survécu à des quantités de crises depuis son apparition, il y a environ quatre milliards d'années. Ce n'est pas elle qui est en danger, mais bien l'humanité qui risque d'être à la fois la cause et la victime de son éventuelle disparition. »

(Hubert Reeves – *Le Dauphiné Libéré*,
17 novembre 2002)

I
En orbite

Le corps de Fershid Ben Ezir décrit une courbe paresseuse au centre de la cabine. Une boîte vide de cola l'accompagne un instant, avant de rebondir mollement sur une paroi et de poursuivre son vol au ralenti dans l'espace confiné. Le pilote s'agrippe à une sangle, se stabilise, tête en bas, au-dessus du hublot ventral. À travers la couche de verre de quatre centimètres qui aurait eu besoin d'un sérieux coup de chiffon, la face éclairée de la Terre ressemble à une énorme bassine d'eau savonneuse parcourue de tourbillons.

Fershid ne peut retenir un soupir. Planète bleue ? Planète verte ? Planète blanche, oui ! Les zones sans nuages ne représentent que… quoi ? un cinquième de sa surface ? Même pas. De toute façon, les données que *ClimSat* est censé récolter sur l'état de cette… fichue planète (non, il ne va quand même pas penser, pour la cent millième fois : cette planète *fichue*) se modifient, s'aggravent à chaque nanoseconde.

Fershid sourit, sans presque s'en rendre compte. Sur le verre sale qui fait miroir et où se reflète son visage, il prend le temps de détailler sa figure anguleuse, au teint mat, au nez busqué, aux yeux trop enfoncés dans des orbites surmontées d'un grand front et de cheveux bien noirs, frisés, coupés court. Le reste de son corps long, maigre et nerveux, disparaît dans une combinaison de vol d'un bel orange barrée de bandes blanches. Le total compose le portrait d'un homme de trente et un ans, pilote spatial de son état, Palestinien de naissance. Mais, comme la Palestine est un pays qui n'existe pas, et qu'il l'a quittée alors qu'il n'avait que trois ans, Fershid est de nationalité française. Ce qui ne l'a pas empêché de passer une bonne partie de sa vie d'adulte aux États-Unis, pour sa formation à la NASA, avant d'intégrer l'Agence spatiale européenne. Avec en bout de course cette mission dans la station orbitale *ClimSat*.

Une pression sur son bras interrompt le flot des souvenirs, venus sans crier gare. Il se retourne et sourit à Milena. Mais, cette fois, il s'agit d'un vrai sourire, pas d'un reflet sur un miroir menteur. Grande, belle, blonde, Milena Dracovic a tenu à garder ses cheveux longs, bien que ce ne soit guère recommandé en microgravité, où des mèches vagabondes peuvent à tout moment s'emmêler dans des câbles. Sa combinaison à elle est d'un beau vert émeraude. Elle est de Vukovar, en Croatie, autre pays qui n'existe qu'en pointillés. C'est une des deux climatologues de la mission. Mais elle a aussi dans ses poches un doctorat de physique des fluides, un de médecine (spécialité : les maladie tropicales)… et quoi encore ?

Aucune importance même si, à côté d'elle, Fershid se fait parfois l'impression d'être un analphabète. L'homme et la femme semblent danser un instant dans la pesanteur réduite, la main de Milena effleure une seconde la joue de Fershid, qui aurait besoin du rasoir. Puis elle se propulse d'un coup de talon dans le boyau qui communique avec un des labos grands comme un placard où elle va continuer à rassembler des données, encore et encore des données.

Le pilote la suit du regard jusqu'à ce que la météorologue, dont le corps ondule comme celui d'un poisson — ou plutôt d'un triton —, ait disparu derrière le sas. La présence de Milena, même fugitive, lui a fait du bien. Se rencontrer, ne serait-ce que se croiser, seul à seul dans l'espace réduit de *ClimSat*, c'est déjà énorme.

Fershid et Milena se sont aimés dès le premier jour, presque dès le premier coup d'œil, lorsque les quatre candidats au vol d'observation de longue durée décidé par l'Agence de prévention climatique européenne avaient été définitivement sélectionnés. C'était il y a tout juste un an, en 2026. Mais cela paraissait si loin… Quatre mois d'entraînement à Kourou 2, au milieu d'une jungle dévastée, sur une base périodiquement balayée par des cyclones de plus en plus violents : quatre mois de bonheur. Ensuite, la mise sur orbite par Ariane 87, maintes fois repoussée. Et maintenant l'espace, depuis huit mois. Avec des possibilités de contacts intimes rien moins que difficultueux…

Fershid se gratte les côtes à travers sa combi. À quoi sert de revenir sans cesse sur le passé ? Il a été volontaire, non ? Et il est pilote. Alors autant faire son boulot. Ou au moins faire semblant.

À son tour, il se lance dans un boyau, le B3 qui, après un angle à quatre-vingt-dix degrés, lui permet de piquer du nez dans la cabine de contrôle. Il s'arrime au siège de commande, qui s'adapte immédiatement à son corps grâce aux senseurs ergonomiques dont il est équipé. Tout s'allume autour de lui, des centaines de lumignons qui pourraient donner à Fershid Ben Ezir l'impression qu'il flotte dans le vide, au milieu d'une poussière d'étoiles.

—*Bonjour, commandant,* fait la voix douce et toujours égale de Pénélope.

—Bonjour à toi, ma belle. Quoi de neuf ?

—*Vous préférez un rapport chiffré du plan de vol de la dernière boucle orbitale, commandant ? Il me semble, sans que cela soit un reproche, que je ne vous ai pas vu à votre poste depuis plus d'une heure. Ou un résumé vous suffira-t-il ?*

—Un résumé du résumé, s'il te plaît, murmure le commandant d'un ton faussement irrité.

Pénélope est une des extensions de l'ordinateur de bord, celle qui a en charge le vol orbital et les observations strictement aéronautiques. Le véritable pilote, en somme. Fershid a programmé son vocal sur une voix féminine et lui a donné le prénom d'une de ses anciennes petites amies de Cap Kennedy. Mais c'est juste pour rendre jalouse Milena, qui joue le jeu.

Et, tandis que Pénélope dévide à sa seule attention une suite de coordonnées concernant le plan de vol, Fershid, qui a éclairé l'écran de vision directe, s'abîme de nouveau dans la contemplation morose de la Terre malade qui défile sous le ventre de la station. La routine.

ClimSat, la station de surveillance et de prévention (sic) climatique, n'est que le dernier avatar de l'interminable noria d'engins météo qui avaient été lancés au siècle dernier. À commencer par le *Météosat* européen et le *Seasat* américain, à la fin des années 1970. Des dizaines d'autres avaient suivi, de plus en plus gros et sophistiqués, comme le *TopexPoseidon* de la NASA en 1992, *Jason-1* en 2001, l'*Envisat* européen l'année suivante, le *Tchinbo* sino-coréen en 2007, et tant d'autres, jusqu'à ajouter aux vingt mille objets déjà en orbite plus de quatre cents satellites météo. Tous inhabités, sauf *ClimSat*. Fershid et ses collègues sont les seuls humains à regarder de haut l'eau et le vent s'acharner sur la biosphère de la mère-planète, et le taux de réchauffement global (ou TRG) grimper, grimper.

Altitude 330 kilomètres, vitesse 6 628 kilomètres par seconde, orbite asynchrone[1] inclinée à 48 degrés par rapport à l'équateur, *ClimSat* peut observer les points les plus critiques du globe : l'Arctique qui se morcelle, l'Europe sous les eaux, déjà amputée de la Camargue et d'une partie des Pays-Bas, le désert saharien qui s'étend, l'Inde calfeutrée sous son nuage brun de pollution, le Bangladesh aussi rongé qu'un morceau de fromage grignoté par des rats, l'Indonésie giflée par les typhons, le Japon attaqué par les tsunamis, le centre des États-Unis qui menace de ressembler au

1. Orbite asynchrone : cela signifie que le satellite tourne en sens contraire de la rotation de la Terre.

Sahara… et on recommence, à raison d'un bouclage orbital toutes les 113 minutes plus quelques secondes.

Fershid vient d'aborder sa troisième orbite depuis qu'il a repris les commandes quand Pénélope lui signale quelque chose d'anormal du côté de la Lituanie, couverte comme les neuf dixièmes de l'Europe de l'Est par une immense couette d'un blanc sale. Heure locale : 8 h 37 et des poussières.

—*Zone de chaleur à 116-43-50 sur…*

Le commandant n'a pas besoin de donner les ordres nécessaires que la vidéo zoome déjà vertigineusement sur le point repéré. Rien de spécial n'est perceptible. Ou peut-être, à travers l'épaisse couche nuageuse, un vague miroitement…

—*280 degrés Celsius… 285… 292*, débite Pénélope, sans émotion apparente parce qu'elle n'a pas été programmée pour en avoir. *La température ne cesse de monter. On vient de dépasser 300.*

—Qu'est-ce que c'est ? s'inquiète Fershid.

—Qu'est-ce qui se passe sur le plancher des vaches ? fait en écho derrière lui la grosse voix de Bonaventure Bénabéké.

Comme les autres passagers de *ClimSat,* le démographe haïtien a été averti en même temps que le pilote. Il vient aux nouvelles, tout en débouchant un tube de pâte au poulet.

Presque immédiatement, le surpuissant radiomètre infrarouge ATTR 4 a pris le relais de la vision directe. Sur l'écran du poste de contrôle, un puzzle reflétant toutes les couleurs de l'arc-en-ciel, du jaune citron à l'indigo presque noir, dessine maintenant un paysage abstrait qui, remodelé par le synthé-image, devient en l'espace de quelques secondes la maquette hyperréaliste d'un ensemble de bâtiments cubiques, surmonté de hautes tours de refroidissement et planté sur une plaine mouillée. Au centre des bâtiments, une coupole crevée, à l'intérieur de laquelle rougeoie une fournaise de fonderie.

—*430 degrés,* continue à égrener Pénélope, *435... C'est la centrale nucléaire d'Ignalina. Un... non, deux réacteurs ont explosé à onze secondes d'écart. Radioactivité autour du site : 5 000 gigabecquerels, en expansion rapide vers le sud-ouest.*

—Une centrale RMBK[2], précise Barbara Caruso, qui vient de pénétrer dans la cabine de contrôle. Même type que celle de Tchernobyl. Vous vous souvenez ? En 1986, en Ukraine.

Que s'est-il passé à Ignalina ? On le saura forcément un jour ou l'autre, mais ça changera quoi ? Les troubles climatiques perturbant la maintenance des centrales nucléaires et multipliant les risques d'accidents, rien d'étonnant à ce qu'une des trop nombreuses centrales déliquescentes de l'Est européen en soit venue à péter.

—C'est le contraire qui l'aurait été... grommelle le gigantesque Bonaventure en portant à sa bouche un deuxième tube de pâte de poulet.

—Tu vas intégrer ça comment dans tes graphiques ? demande Barbara.

À côté du démographe haïtien, la seconde climatologue, qui a aussi le titre de chef de bord, paraît minus-

2. RMBK : réacteur de grande puissance à eau bouillante.

cule. Avec son grand nez, ses yeux toujours mobiles, son crâne rigoureusement épilé, elle ressemble à un oiseau sur le point de se faire manger par un gros chat noir.

— Au pif : déplacement de population d'un million et demi à deux millions de personnes au-delà d'une zone de sécurité de cent kilomètres. En oubliant les migrants non recensés qu'on n'aura pas prévenus. Mais vous voulez que je vous dise : ils vont servir à quoi, mes graphiques ?

Une bonne question, à laquelle personne ne répond. Parce que les migrations de population, depuis vingt ans, sont devenues la nouvelle donne géopolitique d'une planète qui se barre en quenouille. On appelle ces nouveaux migrants des « réfugiés écologiques », ce qui signifie simplement que les pauvres du Sud, toujours plus pauvres, plus démunis, plus éprouvés, vont au nord chercher un illusoire refuge. De plus en plus nombreux, ce qui crée des troubles, forcément. Quand ils ne sont pas refoulés (le Royaume-Uni, par exemple, s'est refermé comme une huître), quand leurs bateaux surchargés ne sont pas purement et simplement coulés à coups de missiles par des pays comme… mais à quoi bon les nommer ?

C'est à ce genre d'observations, entre autres, que se livre *ClimSat*. La décision de lancer une station climatique habitée tient à un retour de confiance naïf en l'élément humain, un élément qui, propulsé au-dessus de la mêlée, serait mieux à même de garder la tête froide, et intactes ses facultés d'analyse. Parce qu'on réfléchit mieux en impesanteur que les pieds dans l'eau ? Ça reste à prouver…

— Tu viens ?

Fershid sent des mains se poser à plat sur ses épaules. Milena a quitté son labo pour venir le chercher. C'est leur tour de quart de sommeil. Le pilote se détache de son siège et suit la jeune femme dans la cabine-dortoir. Chacun leur tour, les deux astronautes s'isolent dans le cabinet de toilette, passent sous l'unique douche-brumisateur, puis se sanglent verticalement à la paroi, contre l'alvéole de mousse qui enrobe leur dos. À bord de *ClimSat*, on dort verticalement, même si cette notion n'a pas grand sens dans l'espace. Au moins, les alvéoles se touchent-ils, ce qui permet aux amoureux de se tenir par la main, de se cramponner l'un à l'autre dans l'attente d'un sommeil bref, et pourtant toujours long à venir.

— Fais de beaux rêves, Milena, souffle Fershid.

Elle ne lui répond que par un sourire doux et lumineux à la fois. Ils savent bien que, quand l'ordi les réveillera, six heures plus tard, leurs mains se seront détachées pour flotter paresseusement devant leur buste, au rythme d'une valse silencieuse.

Mais demain est un autre jour.

2
La deuxième solution

— *ClimSat* à Base 2… *ClimSa*t à Base 2, vous m'entendez ?

Fershid tripote nerveusement son oreillette, ce qui n'a pour résultat que de faire monter de quelques décibels la marée de parasites qui crépite dans l'écouteur.

Un vrai régiment de grillons par un beau soir d'été. Quand il existait encore des beaux soirs d'été.

Le pilote lève la tête, rencontre trois paires d'yeux inquiets. Milena, Bonaventure et Barbara bénéficient exactement des mêmes infos que lui, mais être réunis, ça rassure, il faut croire. La chaleur humaine ? Dans l'espace confiné de la cabine, elle est épaisse, mêlée à des relents de nourriture, à l'acidité résiduelle de l'ozone, à une vague odeur de carburant brûlé.

— *ClimSat* à Base 2, vous m'entendez ? insiste Fershid.

— Peut-être qu'ils ont autre chose à faire qu'à écouter les planqués des étoiles, marmonne Bonaventure.

Fershid grimace un sourire. C'est sûr que, pour l'heure, on est plus peinards à trois cent trente kilomètres au-dessus de l'eau qu'en plein dedans. Ou juste au-dessus.

L'avis de tempête dans le Pacifique a été lancé il y a moins de vingt-quatre heures. Des cyclones en train de s'assembler en plein milieu de l'Atlantique Sud, entre les cinquième et dixième parallèles. Depuis dix à quinze ans, la spécialité des cyclones est de faire des petits. Les spécialistes ne savent pas trop pourquoi mais, ce qui est sûr, c'est que ce phénomène est lié à l'effet de serre. Avec un art certain de la poétique de l'épouvante, les climatologues appellent un ensemble de cyclones se nourrissant les uns des autres une « meute ». Une meute de chiens, ou plutôt de loups, qui dévorent tout sur leur passage.

Six mois plus tôt, une meute joliment baptisée *The Girls* s'est engouffrée dans le golfe du Mexique après avoir ravagé Cuba et La Floride, et a filé sur le Tennessee et le Kentucky. Résultat : seize mille morts, trois fois plus de disparus (et on sait ce que le terme veut dire), vingt-deux millions de réfugiés écologiques, qui doivent encore dormir sous des tentes, quand il y en a. Quant aux milliards de dollars de dégâts, les comptabiliser toucherait à l'obscène.

Une belle catastrophe. Sauf que, cette fois, c'est pire.

— Vous avez vu ça ? souffle Barbara.

Sur les écrans, l'image synthétisée d'après les prises de vue relayées depuis des dizaines de microsatellites géostationnaires montre un champignon pustuleux, d'un blanc incandescent, haut de quinze kilomètres. Une colonne d'air chaud qui vient buter contre le plafond froid de la troposphère. Une explosion atomique silencieuse sculptée dans la crème fraîche qui glisse avec une lenteur de cauchemar sur un fond gris-bleu strié d'éclairs. Direction : la côte du Brésil, plus ou moins au niveau de l'équateur.

C'est un cyclone-mère, le pire du pire, formé par la réunion de trente ou quarante cyclones attirés par le vide créé à l'intérieur de la colonne principale, de plusieurs kilomètres de diamètre. Une colonne qui doit impérativement être remplie, et qui a déjà commencé à se gorger d'eau, comme le ferait un gigantesque aspirateur.

Ce monstre a déjà été baptisé : *El Diablo*. Au moins, l'hypocrisie n'est plus de mise. Fershid sent la main de Milena se crisper sur son épaule quand une voix se fait enfin entendre dans les écouteurs.

— ClimSat ? *Ici Base 2. Vous me recevez ?*

— Je vous reçois Base 2, lance précipitamment le pilote. Comment ça va, en bas ?

— *C'est François Détoré* qui parle, fait la voix crachotante d'un ton subitement moins protocolaire. *C'est toi, Fershid ?*

Le pilote a un mouvement involontaire vers la commande du Vebscam, mais il sait bien que les images ne passent plus. Détoré est un ami cher, commandant en second de Base 2, la seconde aire de lancement créée non loin de Kourou.

— *Je ne sais pas si je vais pouvoir te parler longtemps*, reprend la voix lointaine. *Nous avons ici des vents de 14 sur l'échelle de Beaufort et des pluies démentielles.* El Diablo *sera sur nous dans…*

La voix s'interrompt, mangée par une nuée de termites.

— Dans moins de vingt minutes, complète le timbre aphone de Caruso.

— François, tu m'entends ? François ! Base 2, répondez, merde !

Fershid s'époumone, tandis que la main de Milena continue de lui labourer l'épaule. Parfois, émergeant des grésillements de mandibules acharnées, la voix du commandant au sol délivre des informations parcellaires, autant de messages déchirés en vol par les vents monstrueux :

— *Ordre d'abandonner… mais trop tard pour moi, je le crains… on signale… un tsunami de deux cents mètres de haut… j'ai envie de voir ça… je crois…*

— Tu crois quoi ? hurle Fershid. Fous le camp, imbécile ! Fous le camp !

Mais ses cris sont inutiles, il le sait bien.

Le cyclone-mère vient d'aborder la côte, colonne torsadée environnée d'une sombre cape de nuages d'encre. En son centre exact, un puits vient de s'ouvrir : l'œil du cyclone, mince colonne de lumière entre la terre submergée et les hauteurs plus paisibles du ciel. Ensuite… ensuite nul n'est besoin de suivre la progression du faucheur pour deviner comment les épis sont couchés. Le tsunami, poussé par les vents, déborde sur les mille huit cents kilomètres de côtes, submergeant tout, arrachant tout, arbres et bâtiments, troupeaux et véhicules en fuite. Une large portion de la forêt amazonienne, déjà tant éprouvée, ploie comme des roseaux dans la mousson, des racines séculaires jaillissent de la terre, des géants de cent mètres de haut s'abattent, rangée par rangée.

La vague parcourt trois cents kilomètres, se fragmente en torrents, redessine une géographie de rizières dans la forêt dévastée. Mais *El Diablo* n'en a pas fini. On va le voir, gorgé d'eau salée, tracer une route capricieuse douze heures encore, jusqu'à ce que la nuit l'absorbe, à travers les deux Guyanes, le Surinam, le Venezuela, la Colombie, l'ouest du Brésil. Combien de morts, cette fois ? On le saura bien assez tôt. Ou jamais exactement, puisqu'un autre cyclone, à l'autre bout de la planète, s'est abattu sur l'Indonésie. Celui-ci, c'est *Dragon 3.*

Vingt-quatre heures durant, Fershid appelle et appelle. Ni Kourou ni Base 2 ne répondent. Le ciel s'est provisoirement dégagé, révélant un paysage d'apocalypse, un semis de flaques criblant la table rase d'un quart de continent pelé jusqu'à l'os.

—Ils avaient des abris, quand même ! Des bunkers enterrés, capable de résister à... Ce n'est pas possible que...

Fershid enrage, ce qui ne l'empêche pas, quand la pression retombe, d'avoir les larmes aux yeux. Alors il se perd provisoirement dans ceux de Milena, ces lacs si lumineux où il peut se noyer en douceur.

Fragmentaires, les infos arrivent de par le monde, concernant le « pire cataclysme climatique que la Terre ait connu ».

—Jusqu'au prochain, demain ou dans un mois, grommelle cyniquement Bonaventure en se gavant de crevettes en tube.

Ils apprennent la nouvelle, brutalement, par hasard. Kourou 1 et 2 n'existent plus. C'était la dernière aire de lancement, puisque Cap Kennedy a été rasé par *The Girls* et que Baïkonour dort sous dix mètres d'eau.

Ils sont abandonnés dans l'espace.

—Inutile de vous le répéter, mais je le répète quand même, en tant que commandant de bord. Nous avons deux solutions. La première est de tenter une manœuvre de rentrée orbitale par nous-mêmes, sans radioguidage, à bord du module de secours. C'est théoriquement possible, avec de gros risques.

Barbara Caruso se tourne vers Fershid, sans obtenir le moindre signe qui viendrait atténuer son propos... ou l'aggraver.

—Bien, reprend-elle. Seulement, si nous parvenons à toucher terre — je veux dire : l'océan —, il faut bien être conscients que personne, à moins d'un miracle, ne sera là pour nous récupérer.

—Sans oublier que nous pouvons tomber en plein dans un cyclone qui nous aplatira comme une boîte de cola, ajoute Bonaventure.

—Donc il reste la seconde solution…

—Non ! souffle Fershid.

Il a eu beau parler bas, tout le monde l'a entendu.

—Et pourquoi non ? grogne Bonaventure.

—Ce serait… ce serait lâche.

Une double exclamation souligne le borborygme ; seule Milena est restée coite.

—Tu peux t'expliquer, s'il te plaît ? lance Barbara d'un ton acide.

Le pilote remue nerveusement sur son siège, se gratte une joue que, depuis quelques jours, il laisse se couvrir d'un poil très noir.

—C'est en bas que ça se passe. En bas que nos frères et nos sœurs meurent par milliers. De quel droit resterions-nous à l'abri ?

—*ClimSat* n'est qu'un abri provisoire, intervient Milena avec son calme de toujours. Nos provisions en nourriture s'épuiseront un jour ou l'autre. Tandis que, si nous utilisons les sarcophages, nous pourrions…

—Non !

Le pilote se soulève de son siège si brutalement qu'il rebondit contre le plafond, avant de s'agripper aux poignées du hublot principal. Ses mâchoires forment un angle dur sur sa peau, qui n'a pas perdu son hâle naturel. Cela fait maintenant une semaine qu'*El*

Diablo a frappé, et que *Dragon 3* s'est manifesté, avec une malfaisance au moins égale.

À travers le verre plus sale que jamais, la planète présente pour l'instant sa face sombre. Totalement sombre. Autrefois, elle apparaissait piquetée de milliers de lucioles signalant, comme autant de lacs d'incandescence, les orgueilleuses mégalopoles en perpétuelle expansion. Elles étaient belles, ces métastases lumineuses, même si elles étaient le symbole de la débauche d'énergie qui a conduit à la situation actuelle, à l'effet de serre, aux dérèglements climatiques. On ne rejette pas impunément dans l'atmosphère des milliards de tonnes par an de méthane, de dioxyde de carbone, de protoxyde d'azote. Tout ça au nom du progrès ?

Cette situation, pense amèrement Fershid, *j'y ai contribué. J'ai parcouru des centaines de milliers de kilomètres en bagnole, je me suis gavé d'air conditionné dans mon beau logement à Houston, j'ai pris l'avion supersonique je ne sais combien de fois. Sans oublier les trois mille tonnes de carburant brûlées en trois minutes lors du lancement de* ClimSat... *joli paradoxe.*

— À vrai dire, je m'en fous, lâche le pilote en se détournant du hublot. Que la démocratie décide. Votons.

— Qui est pour la première solution, la rentrée ? annonce Barbara.

Le pilote hésite, lève à demi le bras, le baisse.

— Je m'abstiens, murmure-t-il.

— La seconde ?

Cette fois, trois bras décidés se dressent. Les dés sont jetés.

Fershid ne quitte pas Milena des yeux alors que le couvercle du sarcophage se rabat sur elle. Il boit son dernier sourire, et ça y est, le dôme d'acier aveugle s'est refermé. *Adieu, Milena. Non : au revoir. À bientôt, mon amour ! Je t'aime.*

Fershid prononce en lui-même les mots qu'il n'a pas osé dire à voix haute, un quart d'heure plus tôt, quand il a, une dernière fois, gauchement, enlacé Milena, quand ses lèvres se sont une dernière fois posées sur les siennes. Ensuite, il a fallu s'enfourner dans le sarco… Non ! On doit dire : « module de survie à fonctions vitales abaissées ». Ça fait moins… définitif. Il n'est pas dans un tombeau high-tech, seulement dans un lit un peu perfectionné qui lui permettra de dormir un bon bout de temps. Un siècle, pour tout dire.

Un siècle !

C'était ça, la seconde possibilité. Puisqu'on ne semble plus avoir besoin d'eux en bas, puisque la solution du retour a été repoussée par un vote démocratique, reste le long sommeil. Pas la cryogénie, non ; ce n'est pas au point et ça ne le sera probablement jamais. Seulement un ralentissement extrême de la biochimie interne grâce à une injection qui maintiendra le corps, naturellement nourri par perfusion et bourré de tas de trucs indispensables (vitamines, oligoéléments, etc.), dans un état proche du coma profond. Sans oublier le système rotatif destiné à réguler la circulation des fluides…

Au bout de cent ans, l'ordinateur central ouvrira les volets, vous secouera par l'épaule et vous dira : « Assez dormi ! C'est l'heure d'aller au boulot ! » Pourquoi cent ans ? Bah, c'est un nombre d'années qui en vaut bien un autre, calculé peut-être d'après la vieille plaisanterie : les cent prochaines années seront dures, mais après ça ira mieux. L'espoir fait vivre.

Les bracelets se sont refermés autour des poignets, des chevilles, du cou de Fershid, les implants et les aiguilles de perfusion sont en place, autant de piqûres d'abeille qui diffusent une onde de chaleur dans son corps. Les modules de Barbara et de Bonaventure sont fermés, le couvercle du sien se rabat à son tour. Le voilà encoconné, baignant dans une douce lueur rosée qui a l'air de s'assombrir de seconde en seconde. Ou c'est sa vue qui lui joue des tours ? Il se sent sombrer, il a une ultime pensée pour Milena, n'a pas le temps de se dire « je m'endors » qu'il dort déjà.

3
Retour à la Terre

Fershid Ben Ezir ouvre les yeux, se redresse. Des actes-réflexes simples, qu'il a, après coup, l'impression d'avoir accomplis en une seconde, alors qu'il lui a fallu plusieurs minutes. Quand il respire, des feuilles de papier se déchirent à l'intérieur de sa poitrine. Ses membres paraissent remplis de bois mort. L'atmosphère est fade, sèche. Une soif intense le dévore. Et pourquoi fait-il si sombre? Seule une minuscule ampoule rosâtre palpite à la tête de sa couche.

Je suis à l'hôpital? Je serais malade?

Il bouge un bras, sent un objet étranger, une aiguille peut-être, se détacher avec un bruit désagréable de la saignée de son coude. Soudain, tout lui revient : *ClimSat,* le long sommeil, dont il vient d'émerger. Cela voudrait dire qu'un siècle s'est écoulé? Son esprit embrumé peine à accepter le fait.

—Pénélope… Pénélope? coasse-t-il d'une voix rouillée.

Mais son assistante électronique ne répond pas. Avec lourdeur, et toujours cette sensation qu'il traîne un corps de vieillard — *il va falloir que tu passes en salle de gym vite fait!* —, il détache une à une les perfusions qui l'ont maintenu en vie. Sortir de ce tombeau, maintenant.

—Pénélope, ouvre-moi, s'il te plaît.

Il appelle, une fois, dix fois, mais l'ordi reste muet. Un début de panique commence à lui humidifier le front, à accélérer les mouvements de son cœur. Il se casse un ongle sur les ferrures du module. Il doit bien y avoir un système d'ouverture mécanique, quand même! Oui… oui, ça y est. Le couvercle se déboîte d'un seul coup, bascule sur le côté. Fershid s'assied péniblement sur le bord du module de survie et regarde autour de lui. Le compartiment aux sarcophages baigne dans la nappe vineuse du maigre éclairage de secours. Les trois autres modules sont encore fermés. Sans doute est-il normal que lui, le pilote, ait été réveillé en premier. Tout va se remettre en branle petit à petit. Première chose à vérifier : la date.

Feshid écarte d'un geste nerveux une bonbonne en plastique qui flotte devant lui, accompagnée, comme autant de satellites minuscules, par des billes de liquide déshydraté. Il sautille vers le bloc de contrôle où ne brillent que trois ou quatre témoins. Il s'immobilise, cligne des yeux, frappe du poing le panneau de métal. Mais les chiffres verts du calendrier universel ne varient pas pour autant.

16.11.2345

2345 ! Ils n'ont pas dormi cent ans, mais plus de trois siècles. C'est impossible !

—Pénélope ? murmure encore le pilote.

Il se mord les lèvres, sans attendre une réponse qui ne viendra pas. Pour une raison ou une autre, les extensions vocales sont en panne. Fershid se décale d'un pas, sa silhouette s'encadre dans un hublot, sur le fond sombre du ciel. Ses mains montent jusqu'à ses joues, son crâne. Ce n'est pas un pilote spatial qu'il découvre dans le reflet, mais une sorte de Père Noël grotesque. Ses cheveux ont blanchi et poussé plus bas que ses épaules, et sa barbe (blanche aussi) atteint le milieu de sa poitrine.

Il se détourne de cette image insolite, se propulse vers les conteneurs. Délivrer les autres. Et d'abord, Milena. Il s'escrime sur le verrouillage extérieur, couvert d'une matière poisseuse. Quelque chose craque, il tire, le couvercle vient d'un seul coup, manquant de le déséquilibrer.

—Mil…

Il ne peut achever. Milena, visage d'ivoire, orbites vides, dents apparentes, est en train de rouler vers lui, bras ballants, comme pour l'enlacer au sortir du long sommeil. Elle bascule, le heurte de plein fouet, s'effrite, se morcelle en centaines, en milliers de particules poudreuses qui, aussitôt, tentent de se recomposer en un agglomérat stable dans la pesanteur réduite. Milena, sa Milena, son amour, s'est transformée en momie plus friable qu'un parchemin ayant traversé des millénaires.

Fershid ouvre la bouche pour crier, avale une gorgée de poussière granuleuse qui le fait tousser à perdre haleine. Ce qu'il vient d'ingérer…

Alors seulement il crie, il crie, sans pouvoir se maîtriser, laissant ses hurlements rebondir en échos discordants à travers les coursives désertes.

Il lui faut du temps, beaucoup de temps, pour reprendre ses esprits, lestés d'un semblant de logique et d'efficacité. Il est pilote spatial, non ? Il a subi un entraînement de fer, il est hors de question qu'il se laisse aller à des émotions primaires. Comme le chagrin, par exemple. Ou le désespoir. Il y a eu un dysfonctionnement dans la maintenance, Milena Dracovic a vu ses fonctions vitales s'interrompre pendant son sommeil, elle s'est desséchée comme un hareng dans un seau de sel, d'accord. Barbara Caruso et Bonaventure Bénabéké aussi, d'accord. Lui seul a survécu, parce qu'un dieu farceur l'a voulu ainsi, d'accord. Et alors ? Ce sont des choses qui arrivent. La preuve : c'est arrivé. Il suffit de l'admettre, de verrouiller, et de continuer.

Alors il continue. Première chose à faire : foutre le camp de la salle aux modules de survie — *bravo pour la survie !* — et la condamner hermétiquement. Deuxième chose : boire, boire. Heureusement, il reste du liquide dans le recycleur. Troisièmement : manger. Une chance, le stock de nourriture n'a pas souffert. Et puis se débarrasser de tous ces poils. Prendre une douche. Pédaler, pédaler encore, tirer sur les extenseurs et soulever des poids dans la salle de gym. Remettre l'ordi sur pied (pour l'instant, il ne daigne cracher que des données techniques brutes sur le plan de vol). Sérieusement squeezé, lui aussi. Trois siècles, c'est quand même un bail.

Et ne plus penser à Milena — *Milena, mon amour !* —, ni aux deux autres.

Fershid parvient tout de même à comprendre que l'unité centrale a été touchée par une micrométéorite. En somme, le grain de paille qui a détraqué la machine. On prévoit tout… sauf l'imprévisible, par définition !

Quoi encore ? Appeler la Terre. N'importe qui sur la Terre. Mais rien ni personne ne répond, pas plus sur la Terre qu'aux cieux. Alors quoi ? Tout le monde est mort ? Ça serait quand même énorme. En dessous de *ClimSat*, la Terre paraît pourtant paisible, lavée d'une bonne part des nuages qui, en 2027, colmataient sa surface. Elle est redevenue bleue, la planète bleue qu'avaient découverts les pionniers, Alan Shepard, Youri Gagarine, Frank Borman…

Un peu plus bleue, probablement. Car l'eau a monté, elle a gagné sur les terres émergées, les a rongées, écartelées, a refaçonné en profondeur les continents. La plupart des îles du Pacifique ont disparu. Adieu, les Maldives ! Le Japon a considérablement rétréci — une serpe ébréchée. L'Europe de l'Ouest a été gravement écornée : les îles britanniques sont devenues un puzzle dispersé, les Pays-Bas et le Danemark ne valent pas mieux, la France est pleine de trous, avec un immense lac central, dévorée comme une feuille de platane attaquée par des chenilles. Et tout à l'avenant. Le pôle Nord n'est plus qu'une mer où flottent les escarbilles blanches d'innombrables icebergs, l'Antarctique a perdu la moitié de sa pelure de glace. Température sur le soixantième parallèle, au méridien zéro, à l'emplacement des défuntes îles Shetland : 31 degrés Celsius en milieu de matinée. Pas mal, pour la fin novembre…

Une seule petite satisfaction, la couche d'ozone s'est totalement reconstituée. Mais les grandes agglomérations — celles en tout cas qui surnagent — paraissent sans exception abandonnées. Les lucioles ont disparu. Où est passée cette débauche d'énergie qui a conduit à l'ultime cataclysme ? Elle s'est dissipée, elle a fondu, parce qu'il n'y a plus personne pour la produire.

N'y a-t-il vraiment plus d'abonné au numéro de la Terre ?

Les premiers lumignons que le pilote solitaire détecte en Europe centrale, pendant la période nocturne, lui font battre le cœur… pendant quelques secondes. Mais il ne s'agit que de feux de bois. Des feux de camp ? Sans doute. Mais trop de fonctions sont détériorées sur *ClimSat*, et il ne peut en savoir plus. Tant pis. L'essentiel tient en cette certitude : en bas, il y a des survivants !

Dès lors sa décision est prise, la seule possible.

Fershid Ben Ezir vérifie un à un tous les témoins qui, sur le tableau de bord restreint du module *Bonjour-chez-vous,* lui lancent des messages incertains. Dix fois, cent fois il a tout vérifié. Autant qu'il puisse en être sûr, le module autonome de rentrée est opérationnel. Il lui suffit d'avoir aux commandes un bon pilote.

Et tu es un bon pilote, non ?

Oui.

Il a encore passé trois semaines à bord de la station. Essentiellement pour retrouver sa forme, son tonus musculaire durement éprouvé par le trop long sommeil. Il y a réussi en partie. Et, sous ses cheveux blancs coupés en brosse, poussent à nouveau des racines bien noires.

D'un geste décidé, il verrouille son casque. Pour la première fois depuis neuf mois — non : depuis trois cent dix-huit ans et neuf mois ! —, il a endossé son scaphandre. Comme s'il observait les mouvements de quelqu'un d'autre, il voit l'index de son gantelet droit enfoncer une série de touches. Avant d'enfoncer la commande de désarrimage, il prononce tout bas : « Adieu, Milena. » Plus une petite pensée fugitive pour Barbara et Bonav'. Et c'est parti.

Moteur... combustion !

Une main de géant secoue le *Bonjour-chez-vous* en tout sens avant de plaquer le pilote contre son siège avec une force à lui briser les côtes, à lui perforer les poumons. Tout explose dans son dos, il voit à travers le hublot une bourrasque de morceaux de ferraille s'éparpiller autour du module, et puis plus rien, que le vide obscur, creusé à ses pieds par cette énorme boule bleue sur laquelle il tombe en piqué. Non, pas en piqué, bien sûr. Il doit parcourir un peu plus d'une orbite spirale avant de se poser. Il a décidé de s'éjecter de *ClimSat* au-dessus du Canada, pour avoir une chance d'atterrir, ou d'amerrir, en France, le plus près possible de Paris. Ou de ce qu'il en reste. C'est sa vraie patrie, après tout.

Le module tremble comme une vieille bécane au moteur débridé, mais tient bon. Arc-bouté sur les commandes, Fershid lui aussi tient bon. *Freine, freine !* Entrée dans la stratosphère. Traversée du plasma atmosphérique ionisé. Le module se nimbe de toutes les couleurs de l'arc-en-ciel, spectacle aussi somptueux que bref, puis c'est le double bang du passage en vitesse subsonique. Altitude : 5 000 mètres… 4 000… Arrêt de combustion. Où on est, là ? Pas le temps de vérifier ; 3 000… 2 000… parachute ! *Tu vas sortir, oui ?* Encore un coup de poing dans les reins. Au-dessus de la tête à l'envers du pilote, une large bande boudinée, orange et blanc, emplit le ciel. *Trop vite !* Pendant quelques secondes, le pilote a la certitude qu'il va s'écraser. Effectivement il s'écrase, dans un waoush ! gigantesque qui le laisse étourdi, le cœur au bord des dents. Le module tangue sur les flots, se retourne. Fershid se retrouve à nouveau sur le dos, pour voir le parachute s'affaler en molles ondulations et aveugler le hublot dorsal.

Je vais couler! Je dois sortir de là.

Le pilote se déharnache, fait sauter la visière de son casque et s'escrime sur le sas, qu'il parvient à ouvrir d'un ultime coup de coude. Il repousse les pans du parachute. Une atmosphère acide et iodée lui emplit les poumons. Une eau vert sombre clapote à vingt centimètres sous l'ouverture. Le module n'a pas coulé. Il flotte. Il flotte sur une mer des Sargasses, d'où émergent à intervalles des îlots d'arbres d'un émeraude agressif. À l'horizon, vers... l'est — oui, c'est bien l'est —, la grosse boule saumon du soleil levant peine à s'extirper des brumes. Dans le ciel presque blanc, d'innombrables oiseaux s'entrecroisent, criblant les nues de cris discordants.

Fershid laisse son buste se courber au-dessus de l'eau. Ça y est. Il a réussi. Il est rentré chez lui.

En premier hommage à sa planète retrouvée, yeux fermés, il dégueule longuement dans la flotte.

4
Robinson Crusoé à Paris

Douze heures ont passé.

Le naufragé, dos contre un arbre dont les racines noueuses plongent dans l'eau — un palétuvier, à cette latitude ? Et pourquoi pas... — achève son repas du soir. Tube de tomate, tube de crabe au riz, tube de semoule au miel. Les rations contenues dans sa mallette de secours sont les mêmes que l'ordinaire de *ClimSat,* plus quelques galettes salées. Et deux litres d'eau sucrée dans un conteneur en plastique. Ça, c'est heureux. Fershid a suçoté, au bout du doigt, quelques gouttelettes de la flotte dans laquelle il barbotte : elle est salée, avec un goût de végétaux moisis.

La mallette contient aussi un nécessaire de toilette, du papier hygiénique (charmante attention), une boussole, un couteau, un gros briquet à gaz et quelques autres gadgets pour campeur. Il y avait aussi un pistolet automatique avec deux chargeurs. Fershid, en les découvrant, a immédiatement flanqué tout ça à la flotte dans un mouvement d'irritation incontrôlé. Pour aussitôt le regretter. Mais trop tard. Parce que, avec la nuit qui tombe, d'inquiétants bruits d'animaux ont commencé à s'élever dans la forêt tropicale qui s'étend dans son dos. Des grognements, des reniflements, des ricanements d'hyènes. Seulement il ne peut y avoir aucune hyène, pas ici, dans le bassin (sic !) picard, à cent kilomètres à vol d'oiseau au nord de Paris. Au pire, des chats et des chiens sauvages. N'empêche, s'être débarrassé de son arme de service est une belle connerie. *Et pour chasser, quand tes provisions de semaine seront épuisées, tu y as pensé ?*

Fershid se redresse, secoue les épaules et se répond à haute voix :

— Tu y penseras quand le moment sera venu. À chaque jour suffit sa peine.

Depuis le crash, ou plutôt le plouf, il n'a pas chômé. Il a une fois de plus tenté de capter des ondes radio, mais tout reste muet. Il a sorti les capteurs solaires alimentant le petit moteur d'appoint dont est muni le *Bonjour-chez-vous* et a pu ainsi faire avancer le module, devenu barcasse. C'est ainsi qu'il a abordé la plus vaste des îles à sa portée, une falaise triangulaire couverte d'une végétation exubérante, autrefois le sommet d'une petite colline. De combien de mètres l'eau a-t-elle monté ici ? Vingt mètres, cinquante ? Il n'a aucun moyen de le savoir. D'ailleurs il ne sait rien de rien, sur rien. Démuni du périphérique sophistiqué de *ClimSat,* le pilote se sent aussi nu qu'un bébé qui vient de naître. Facile de gueuler contre la technologie destructrice, moins facile de s'en passer quand on en aurait vraiment besoin.

Shit !

Le pilote se claque la joue, où il a senti s'enfoncer un dard sans gêne. C'est loin d'être le premier. Dès sa sortie du module, Fershid s'est trouvé entouré d'une nuée d'insectes volants, certains de la taille de petits oiseaux. À climat tropical, bestioles tropicales. Les moustiques sont apparus avec le soir, en hordes sans répit. Ils ne sont pas seulement agaçants, mais peuvent se révéler dangereux, vecteurs de maladies jadis réservées à l'hémisphère Sud, et qui ont progressé vers le nord en même temps que montait la température : malaria, paludisme, etc. Plus de saloperies que n'y peuvent les vaccins. Bien sûr, avant de quitter *ClimSat,* il s'est fait une triple injection d'antiviraux à large spectre, mais il s'agit d'une défense mise au point trois siècles plus tôt.

— Vous allez me foutre la paix, oui !

Cette fois, c'est trop. Fershid s'est bien entendu débarrassé aussi bien de son scaphandre que de sa combi de vol orange, au profit d'un simple treillis militaire faisant partie de son fourniment. Les moustiques s'infiltrent sous son col, s'agglutinent sur ses bras aux manches retroussées. Il ne fait qu'un bond dans le sas du *Bonjour-chez-vous,* dont le plancher oscille sous son poids. L'engin est amarré à une racine de palétuvier, au moins y sera-t-il tranquille pour la nuit.

Cap sud sud-est. Le temps est toujours au beau fixe, la température en milieu du jour avoisine les 36 degrés. Le ciel est une prairie bleu turquoise où broutent des moutons dispersés. Fershid, à la tête de son embarcation de fortune, sourit de toutes ses dents, qu'il a régulières et très blanches. *Dans un siècle, ça ira mieux...* Et dans trois, alors ? Se peut-il que le climat se soit stabilisé ? Finies les tempêtes ? Finies les pollutions en tout genre ? On dirait.

Le pilote s'est résolu à démantibuler le module, trop lourd. Avec une partie de la coque, il s'est fabriqué une embarcation bien plus légère, que le moteur solaire propulse à une quinzaine de nœuds. C'est suffisant pour gagner Paris (où ce qu'il en reste) par petites étapes. Cela fait deux jours qu'il navigue, s'arrêtant le soir sur des îlots qui, à mesure, paraissent plus nombreux, plus étendus. Il est même passé au large d'une ville moyenne dont un certain nombre de tours dépassaient du marigot.

Assis au fond de sa coquille de noix, il laisse sa main tremper au fil de l'eau tiède. Il la retire brusquement. Un triangle ardoise vient de la frôler. Sourcils froncés, il observe l'aileron ; non, il y en a deux maintenant, qui dessinent des huit autour de l'embarcation. Des requins. Ici ! Le taux de salinité est bien plus bas que celui de la haute mer, mais il croit savoir qu'il existe des espèces qui peuvent vivre dans l'eau douce. *T'as intérêt à faire gaffe. Si tu te faisais arracher la main par une mâchoire pleine de dents, tu aurais l'air fin !*

Et puis il n'y pense plus. Bien d'autres dangers l'attendent — d'ailleurs il s'en doute un peu.

Trois jours plus tard, c'est sous un ciel d'orage qu'il arrive aux abords de la capitale inondée. Cela fait des heures qu'il navigue à travers les tours et les barres de banlieues inondées qui font plus penser à un labyrinthe de falaises percées d'innombrables yeux aveugles qu'à un habitat humain. Il n'a toujours vu personne. Et c'est alors qu'il se retrouve face à un spectacle qui le remplit d'un sentiment à mi-chemin entre l'incrédulité et l'émerveillement : au-dessus d'un empilage de toits partagés par des canaux boueux, la butte Montmartre s'élève, couronnée par l'architecture bulbeuse du Sacré-Cœur qu'un rai de lumière huileuse, échappée du plafond bas, nimbe d'ocre et de rose. Plus loin, la tour Eiffel se dresse, écornée de son dernier étage, qui pend contre la charpente métallique rouillée. Une tempête plus dévastatrice que les autres ? Un avion fou ? Qu'importe. La tour Montparnasse ressemble à un chicot ébréché mais, là-bas, dans l'atmosphère tremblotante de ce crépuscule où couve un orage en suspens, les gratte-ciel de la Défense semblent intacts.

— Salut, vieux Paris ! lance le naufragé.

Il n'a plus qu'à avancer en direction de l'hypercentre. Peut-être que là… Mais la pluie le surprend alors que son embarcation descend le boulevard de Sébastopol, entouré d'une dense frondaison d'arbres qui se sont fait un nid dans les immeubles éventrés. De grise, la lumière s'éteint d'un coup dans une obscurité d'encre. Les gouttes, de vraies billes de métal, le frappent avec violence. La surface du boulevard devenu canal commence à s'agiter dangereusement. Le tonnerre roule, des éclairs à l'incandescence aveuglante fusent sans discontinuer.

Fershid, trempé comme une éponge, réussit à jeter son embarcation entre des racines gigantesques qui encadrent un balcon branlant (ici, l'eau frôle à peine le premier étage). Il s'enfonce dans ce qui a été un appartement, qui sent la fermentation végétale et le fauve.

Le fauve ?

À travers le roulement du tonnerre, il perçoit un autre grondement, plus sourd, plus proche, bien plus proche. Il sort son briquet, en frotte la mollette, manque de le laisser tomber. À trois mètres, un monstre est tapi, qui écarte une gueule pleine de crocs, puis bondit sur ses pattes et disparaît dans l'obscurité. Sans doute a-t-il eu aussi peur que lui, probablement parce qu'il n'a jamais vu de feu. C'était quoi ? Un loup ? Plutôt une panthère.

Fershid recule jusqu'à ce que son dos butte contre une inextricable barrière de racines. Il tremble, son cœur bat la chamade. Il tire son poignard, dont il serre le manche à en avoir mal aux phalanges. *C'est pas vrai… après avoir joué les navigateurs solitaires, il va falloir que je ressemble à Tarzan, maintenant ! Et moi qui ai jeté le revolver à la flotte ! Quel con, non mais, quel con !*

Il garde son arme dérisoire en main jusqu'à ce que la lumière poudreuse de l'aube vienne s'infiltrer dans son refuge. Il n'a pas fermé l'œil de la nuit. Quand il passe le nez à l'extérieur, c'est pour voir qu'un ciel lavé, radieux, frange les toits d'ardoise défoncés. Pourtant, ce n'est pas ce retour du beau temps qui lui arrache une nouvelle exclamation : pendant l'orage, son canot solaire a disparu, emporté par le canal transformé en torrent. À part la trousse de survie qu'il porte à la ceinture, il a tout perdu.

—Merde, merde et merde !

Il ajoute un choix de jurons choisis, en anglais et en arabe. Il s'est avancé jusqu'à l'extrême bord de l'eau verte et moussue, et c'est là que, pour la troisième fois, il manque de se faire bouffer. Une longue forme cuirassée, couleur mousse, surgit à ses pieds dans une gerbe d'écume, il a juste le temps de voir une gueule de près d'un mètre de long bâiller au ras de ses bottes. Il recule en catastrophe, tombe sur le cul. Un crocodile. Pas seul, puisqu'une demi-douzaine de ses frères clapotent dans le marigot, leur dos écailleux émergeant de l'eau sombre.

Fershid Ben Ezir verra beaucoup d'autres animaux sauvages au cours des jours qui suivent. Des hippopotames près des berges élargies de la Seine, un troupeau d'éléphants se trempant avec force barrissements et bousculades dans le lac rectangulaire du Champ-de-Mars, des babouins criards hantant les fourrés des Tuileries, un lion solitaire et magnifique le guettant du sommet de l'Arc de Triomphe sur lequel il avait grimpé, allez savoir comment. L'Afrique en plein cœur de Paris. D'où viennent ces bêtes ? Ont-elles entrepris une vaste migration depuis leur continent ? Ou ne sont-elles que les descendants des pensionnaires des zoos ? Les deux à la fois, peut-être.

Heureusement, elles ignorent le pilote pour la plupart, preuve s'il en est que la ville a bien été abandonnée, et depuis longtemps. Quant aux carnivores, ils ont en général bien assez de proies à se mettre sous la dent pour l'inquiéter sérieusement. Son problème, c'est plutôt de pouvoir manger. Ce qui restait de ses rations a été emporté avec le canot. Il peut grappiller ici et là quelques baies comestibles, mais le moyen le plus évident est la pêche. Les eaux grouillent de poissons. Il n'aurait qu'à tendre la main, mais ce n'est pas si facile. Une épuisette ? Oui, mais avec quoi la fabriquer ? Reste la solution pratiquée par les Indiens d'Amazonie. Avec des lianes, il parvient à fixer son coutelas à une longue perche. Voilà un javelot correct. Vingt fois, cinquante, il lance son arme improvisée au milieu de remous riches en créatures aquatiques. Ce n'est que la cinquante et unième fois (mais il n'a pas vraiment compté) qu'il parvient à embrocher un gros poisson aux flancs massifs qui pourrait être une carpe. Ou un poisson-chat ?

Pour allumer un feu, c'est presque encore pire que pêcher tant les branches mortes sont humides. Il y arrive quand même, avec la crainte d'épuiser trop vite le gaz de son briquet. Et il peut manger, enfin, à pleines dents, assis sur le parvis en terrasse du Muséum d'histoire naturelle. Ça faisait presque trois jours qu'il n'avait rien avalé. Le meilleur repas de toute son existence. Après, il peut s'étendre sous le ciel nocturne fourmillant d'étoiles sereines. *Alors, tu te prends pour qui, maintenant ? Robinson Crusoé ?*

Fershid est devenu plus adroit au maniement du javelot, et le lit de la Seine, qui cerne le Muséum, se révèle un vivier inépuisable. Pour ménager son briquet, il a décidé de ne pas laisser s'éteindre son foyer, l'entretenant avec du bois qu'il passe le plus clair de ses journées à ramasser sur les monticules émergés.

À la tombée de la nuit, il est en train de faire tourner son repas du jour sur une broche quand il entend le bruit. *Ba-ouch... ba-houch... ba-ouch.* Il met plusieurs secondes à comprendre, à réagir.

Ce son poussif n'a rien de naturel. C'est un bruit de machine — un bruit *humain.* Alors il se lève, il court, s'enfonçant dans l'eau jusqu'à la taille. Et il voit. Venu de l'ouest, quelque chose est en train de descendre le fleuve. Un bateau. Un très grand bateau, qui paraît avoir été construit par un gosse pas spécialement adroit de ses mains. Illuminée comme un arbre de Noël, l'embarcation, une sorte de barge, ou de péniche, surmontée de multiples ponts et tourelles, crache un épais nuage de fumée noire. C'est le moteur caché dans ses flancs qui produit ce ahanement catarrheux. Peint en grosses lettres maladroites sur son flanc, ce nom : *Dragon-Rouge.*

Fershid agite les bras, sautille, hurle.

— Hé ! Je suis là ! Arrêtez ! Venez me chercher !

On finit par l'entendre, l'apercevoir, la péniche jette l'ancre dans un ferraillement éprouvant, on finit par venir. Cinq personnes, trois hommes et deux femmes, entassés sur une barque à rames et accoutrés de façon étrange. Cheveux tressés ou nattés, des peaux de bêtes en guise de gilet, des pantalons de cuir renforcés de pièces de métal, tout un harnachement supportant des armes primitives : sabres, haches, arbalètes, tridents. Deux hommes sont même coiffés d'un casque orné de plumets et de roues dentées. On dirait des Vikings d'opérette ou des figurants de ce genre de films de SF très à la mode dans les années 2020, montrant l'humanité réduite à des tribus batailleuses après les grands cataclysmes.

— Je… je suis… je vous remercie de…

Fershid balbutie, s'interrompt. Il commence à comprendre qu'il vient sans doute de faire une grosse, une très grosse erreur. Alors que des mains rudes l'empoignent et le font basculer dans la barque, alors qu'une femme au visage couturé de scarifications lui tend une rame avec un sourire narquois où il manque plusieurs dents, il aperçoit ce qui lui a échappé jusque-là. Au sommet du mât de la péniche, un drapeau noir flotte, décoré d'une tête de mort et de deux tibias entrecroisés.

Il s'est innocemment jeté dans les mains d'une bande de pirates.

5
Aux mains des pirates

—Alors, c'est qui, celui-là? grogne le type devant lequel Fershid a été poussé sans ménagement.

Lui aussi pourrait sortir d'un film. Pas tant de pirates, d'ailleurs, que d'un western : il est coiffé d'un chapeau de cuir à large bord décoré de la tête de mort et porte une tunique bleue à boutons dorés style 7e de cavalerie ; à sa ceinture sont accrochés un sabre, probablement récupéré dans un musée, et deux pistolets sommaires de fabrication visiblement artisanale. L'homme est affalé sur des coussins, dans sa cabine située sous le pont central, ses jambes gainées de hautes bottes à la mousquetaire étendues en travers de sa couche. Il fume une longue pipe emplie d'un mélange plutôt agréable, et deux femmes de son équipage l'encadrent, dont on remarque d'autant mieux les pantalons bouffants et chamarrés qu'elles ne portent que ça. Fershid ne peut s'empêcher de sourire.

—Tu te marres? Qu'est-ce qui te fait marrer, résidu de marée? hurle la caricature. Et tu vas répondre, oui? D'où tu sors? Je croyais cette ville aussi vide que la cervelle de ces morues!

Le hurlement se transforme en un rire tonitruant. Apparemment satisfait de son humour, le type se lève pour toiser Fershid sous le nez, non sans l'asperger de fumée. Debout, le pirate n'est pas si grand que ça. Ses lèvres se tordent.

— T'es bien bronzé, toi. Tu n'serais pas un Africarabe, pas hasard ?

Fershid agite les mains en signe de dénégation.

C'est pas vrai ! Au bout de trois siècles, le racisme n'a pas désarmé ?

— *Ma no ! Sono Italiano*, dit-il rapidement. Je viens du Sud. Le groupe dont je faisais partie… je suis le seul survivant. Les requins, les crocodiles…

— On dit « prince-capitaine » quand on s'adresse à moi, l'Rital ! Je suis le prince-capitaine Wahlraft, c'est bien compris ? Bon, tu as l'air en bon état, c'est ta chance. On te garde, au lieu de t'envoyer rejoindre les tiens dans le ventre des requins.

— Je serais heureux de faire partie de votre équipage, prince-capitaine, lâche Fershid en s'inclinant.

Le rire de Wahlraft emplit à nouveau la cabine.

— Mon équipage ? Qui t'a parlé de mon équipage, l'Rital ! Allez, emmenez-moi ça dans la cale…

Et c'est ainsi que le pilote de l'ex-Agence spatiale européenne Fershid Ben Ezir devient esclave au XXIVe siècle.

Le *Dragon-Rouge* patrouille une dizaine de jours dans la capitale inondée, remontant la Seine dont la largeur atteint par endroits plus d'un kilomètre. De fréquentes expéditions dans des immeubles éventrés permettent de ramener un maigre butin, essentiellement des objets de métal qui, Fershid le comprend vite, serviront à fabriquer des armes et des outils. Mais la plupart des maisons ont été depuis longtemps ratissées jusqu'à l'os. Une expédition de chasse revient avec des cochons sauvages vivants, et les carcasses de quelques antilopes et d'un buffle destinées à améliorer l'ordinaire. Les cochons sont lâchés dans un enclos, à l'arrière de la barge, où sont également élevées des poules.

Fershid, qui a jugé plus prudent de se faire appeler Ferro, ne participe pas à ce genre d'expéditions. Quand on le tire de la cale où on l'a enfermé, non sans l'avoir délesté de son poignard, de son briquet et de ses autres maigres possessions, c'est pour récupérer du bois. Car l'énorme chaudière de cuivre qui fait tourner les machines du bâtiment est uniquement alimentée par des branches mortes et des planches, dont le *Dragon-Rouge* fait une consommation effrénée. C'est même une obsession du prince-capitaine, qui ne cesse de crier :

—Du bois ! Du bois pour le grand large, bande de traîne-nageoires !

Ce n'est qu'à ces occasions que l'esclave peut côtoyer les membres de l'équipage, entre cinquante et soixante mâles et femelles qui, pour la plupart, s'expriment dans un rugueux sabir d'allemand, de néerlandais et de langues scandinaves. Des grandes gueules, querelleurs et joyeux, qui se donnent du cœur au ventre en buvant un tord-boyaux redoutable fait avec des plantes aquatiques fermentées. En d'autres circonstances, le pilote pourrait presque les trouver sympathiques. Mais, sans le rudoyer véritablement, les pirates ne font guère attention à lui, et ses essais de conversation ne vont jamais bien loin.

—D'où vous venez ?

—De là-bas…

—Et où allons-nous ?

—Quelque part…

Fershid est aussi employé à bourrer la chaudière, ce qu'il fait parfois avec des « punis » tout aussi peu loquaces. Et, quand il peut bénéficier de quelques heures de repos, il s'écroule littéralement sur sa paillasse. Comme nourriture, il n'a pas droit au gibier fraîchement chassé dont le fumet vient parfois chatouiller ses narines, mais à une simple bouillie de légumes où nage parfois un morceau de poisson fumé.

Pendant quatre jours, il a cru être le seul esclave, jusqu'au soir où sa gamelle lui est apportée par une jeune femme qu'il n'avait jusqu'alors jamais aperçue à bord. Il plisse les paupières dans la pauvre lueur de sa lampe à huile. La femme qui se penche pour poser le récipient à ses pieds ne ressemble pas aux autres membres de l'équipage de sexe féminin. Elle est jeune, autour de vingt ans, de taille moyenne mais bien proportionnée, elle est vêtue d'une simple robe de cuir et marche pieds nus. Ses cheveux sombres sont tressés en nattes serrées. Elle est très belle. Et noire de peau.

—Merci… souffle Fershid.

Il n'obtient d'autre réponse qu'un battement de paupières surpris, avant qu'un gardien resté à la porte de la cambuse n'interpelle rudement sa visiteuse.

—Qu'est-ce que tu fous, Driss ? Amène tes fesses vite fait !

Ainsi tu t'appelles Driss, songe Fershid. *Africaine et esclave : le monde change bien peu, décidément.*

Les jours passent. Chaque fois que Driss lui apporte à manger, Fershid tente de lui parler, mais toujours un pirate l'accompagne, ce qui limite les possibilités au strict minimum. Jusqu'au soir où elle vient seule. Et où la gamelle qu'elle lui tend, recouverte par un tissu, révèle un gros morceau de viande dorée à point.

—Merci, Driss, souffle-t-il.

Et il la retient par le bras alors qu'elle allait tourner le dos sans un mot. Elle se dégage, mais sans chercher à fuir. Son visage, dont il a appris à connaître tous les détails, est plus curieux que craintif.

—Alors tu es esclave, toi aussi… D'où viens-tu ?

—Comment ça, d'où je viens ? répond Driss en secouant la tête, ce qui fait cliqueter joliment les minuscules coquillages qui décorent ses nattes.

Fershid tend la main, sans aller jusqu'à effleurer sa joue.

—Oui, ta couleur…

—Qu'est-ce qu'il y a, avec ma couleur ? se cabre la jeune femme. Elle ne te plaît pas ?

—Elle me plaît beaucoup, au contraire. Je suis simplement surpris. Tu viens d'Afrique ?

—D'Afrique ? Je ne sais pas. Mes ancêtres, peut-être. Mais je n'ai jamais connu mes parents. J'ai toujours été sur un bateau. D'autres avant celui-là. Et toi, tu viens d'où ? Toi non plus, tu ne ressemble pas aux gens d'ici.

—Mon histoire est un peu compliquée, Driss. Je te la raconterai un jour. Le pays dont je suis originaire est au sud, lui aussi. La Palestine. D'ailleurs, je ne me m'appelle pas Ferro, mais Fershid. Tu te souviendras ?

—Ferro, Fershid, c'est pareil. Moi, on m'appelle parfois la négresse. C'est pareil.

—Non, Driss, ce n'est pas pareil.

Driss hausse les épaules, secoue la tête dans le cliquetis de ses tresses. Fershid voudrait ajouter quelque chose mais, à ce moment-là, un rustaud en cuirasse pénètre dans la cale et fait sortir la jeune femme avec force jurons. Fershid préfère ne pas penser à ce qui va lui arriver. En tout cas, il est sûr d'une chose : il a désormais une amie à bord.

Cette certitude se confirme. Chaque fois qu'elle le peut, Driss améliore son ordinaire avec de la viande ou du poisson. Ça ne lui est pas trop difficile, car elle travaille aux cuisines. Et elle parle, ils se parlent. D'autant plus que la surveillance se relâche et que Driss, désormais, vient seule lui apporter ses repas. Ils échafaudent de chimériques plans d'évasion. Parfois ils ne se disent rien, ce qui est aussi bien. Il arrive à Driss de pouvoir rester de longs moments assise face à lui, à distance raisonnable, sans que jamais ils ne se touchent. Il a bien remarqué qu'elle se fait coquette, du fard violet sur ses paupières, une poudre brillante sur ses lèvres, un collier de galets peints, une ceinture de cordonnets de couleurs vives. Il en est amusé, ému aussi, sans le manifester.

Ainsi, des semaines passent. Le *Dragon-Rouge* a depuis longtemps quitté Paris, il navigue maintenant en pleine mer, c'est-à-dire dans la mer intérieure qui a rongé la Belgique et les Flandres, remontant vers le nord. Et c'est par un matin qui aurait pu être semblable à bien d'autres que le destin de l'homme tombé du ciel bascule à nouveau.

Fershid dort, épuisé par le travail à la chaudière. Une main le secoue, il émerge en sueur, imaginant une fraction de seconde qu'il revit sa sortie du sarcophage. C'est Driss.

—Réveille-toi, nous sommes attaqués…

—Attaqués ? Mais par qui ?

—Des bateaux de la Fédération !

—La Fédération ? Quelle Fédération ?

—Ne parle pas tant et dépêche-toi ! C'est peut-être le moment…

—Quel moment ?

—Mais tu vas te réveiller, oui, espèce de Palestinien ! C'est le moment de s'échapper !

Cette fois, Fershid a compris. Il se lève d'un bond et suit Driss sur le pont, où l'équipage au complet du *Dragon-Rouge* semble pris de panique. Les pirates courent dans tous les sens, le prince-capitaine, hissé sur la vigie de proue, hurle des ordres que personne ne semble écouter. D'une sorte de catapulte qui a été tirée sur le pont principal, un projectile enflammé jaillit, s'abîme dans la mer en sifflant et fumant, bien en avant des vaisseaux attaquants.

Car il semble bien que le bâtiment de Wahlraft subisse une attaque en règle. À deux ou trois cents nœuds, sur la mer grise et plate du petit matin, quatre, non, cinq formes effilées se silhouettent, avançant droit sur eux. Ce sont des sortes de catamarans à l'assise basse, dont les mats sont constellés de plaques noires. *Des capteurs solaires,* pense Fershid. Des cris le poussent à se détourner un instant. Un des projectiles au soufre s'est enflammé sur la catapulte, plusieurs marins se tordent sur le pont au milieu d'un ouragan de feu jaune qui se communique rapidement au pont supérieur.

—Maintenant ! souffle Driss en lui pinçant le coude.

—C'est que…

—Quoi ?

—Je ne sais pas nager, fait piteusement Fershid.

—Je rêve ! lance la jeune fille en levant les yeux au ciel.

Et, avec une force surprenante, elle le fait basculer par-dessus bord.

La suite, pour Fershid, s'apparente à un cauchemar. La mer se précipite vers lui, l'environne de ses flots froids qui pénètrent dans ses poumons. La main de Driss, sous son menton, lui maintient la tête hors de l'eau, son bras passé autour de sa taille le soutient. Et puis le flanc d'un catamaran, sur lequel est calligraphié avec élégance *Le Dauphin-Blanc,* se dresse comme une falaise d'ivoire au-dessus de sa tête. Une échelle de corde s'abat en travers de ses épaules. Il l'empoigne avec l'énergie du désespoir. Une minute plus tard, il est à quatre pattes sur le pont, entouré de marins en habits blancs et cirés verts. Driss, ruisselante et radieuse, le contemple avec une moue soulagée.

Le cauchemar s'est bien terminé, en fin de compte.

6
Une aube nouvelle

Les deux naufragés ont pu se sécher et se changer dans une minuscule cabine. On leur a donné ce genre de vêtements unisexes que porte l'équipage du *Dauphin-Blanc* : tunique et pantalon de solide toile écrue, ciré vert, bottes montantes. Un marin vient les chercher pour les conduire au poste de commandement où les attend un grand costaud à la barbe abondante, qui les salue en se frappant le côté gauche de la poitrine de son poing fermé.

— Commandeur Amadeo Kostropovitch, cinquième flotte de la Fédération d'Europe du Nord. Mon salut fraternel !

— Nous vous saluons, commandeur. Et vous remercions. Vous faites la guerre aux pirates, j'imagine ?

— La guerre ? gronde le géant en fronçant ses sourcils roux. Ce mot n'a pas cours dans la Fédération. Nous veillons simplement à la sécurité des mers. Les pirates, comme tu dis, ne font de mal qu'à eux-mêmes. Pour preuve, le bateau dont tu t'es échappé avec ta compagne a entièrement brûlé. Je vous rassure tout de suite, nous avons recueilli les survivants. Mais puis-je à mon tour m'informer de votre identité ?

— Eh bien…

Le pilote n'hésite qu'un instant minime. Il sent la nervosité frémissante de Driss, qui se serre contre lui. Il n'a aucune raison de mentir au commandeur… tout en aménageant la vérité concernant la jeune fille.

— Aussi étrange que cela puisse paraître, je viens de l'espace. J'ai pu m'éjecter d'une station orbitale où j'étais plongé dans un sommeil profond. J'ai eu la chance de rencontrer Driss, qui m'a aidé à survivre, et puis nous avons eu la malchance d'être fait prisonniers par ces…

Le commandeur lève la main.

— J'en sais assez, homme du ciel. Nous allons maintenant faire route vers le port de Nouvelle-Scandinavie, qui est aussi le centre décisionnel de la Fédération. Il se situe sur la côte de l'ancienne Suède, dans le golfe de Botnie. Nous y serons dans une dizaine de jours. Tu y rencontreras le régulateur du Sénat, à qui tu diras tout ce que tu as à dire, et qui t'apprendra tout ce que tu désires savoir. Ma tâche s'arrête là.

Et le peu bavard commandeur renvoie ses hôtes d'un geste.

Alors que, sur le pont, ils s'accoudent à une rambarde au-dessus des flots gris-vert, Driss se tourne vers lui et, d'un mouvement presque brutal, lui plante un baiser rapide sur la joue. Elle souffle, non sans ironie :

— Merci… homme du ciel.

Fershid sourit. Il sait qu'il lui sera désormais difficile de se séparer de sa compagne des mauvais jours. Et alors ? Ce n'est pas une perspective si désagréable.

La Nouvelle-Scandinavie, vue du large, se présente à Driss et à Fershid comme un maillage de petites constructions en dôme, couleur pastel, qui escaladent une colline verte. Le port lui-même est solidement pris en tenailles par une succession de hautes digues en quinconce — une solution souple et originale pour briser les vagues en cas de tempête. À l'intérieur du bassin ovale, des centaines de catamarans de toutes tailles se balancent.

Les deux rescapés sont admis le jour même auprès du régulateur, qui possède son logement personnel dans les bâtiments du Sénat, une sorte d'amphithéâtre couvert, à l'enceinte irrégulièrement ondulée. *Tout est circulaire, ici,* note le pilote. *Une manière efficace de lutter contre le vent.*

L'homme qui les reçoit dans un petit bureau de bois clair est plus jeune que Fershid ne le pensait, la quarantaine à peu près. Taille moyenne, visage avenant, encadré de cheveux châtain clair et de la même barbe taillée, mais fournie, que celle arborée par la plupart des hommes. Il est habillé de la même manière que tous les membres de la Fédération : tunique et pantalon de toile écrue.

—Asseyez-vous, je vous en prie, fait le régulateur en désignant, face à son bureau (sur lequel Fershid a immédiatement remarqué un ordinateur), des sièges bas, en bois, mais à l'ergonomie soigneusement étudiée. Je m'appelle Gregor Marchetti, et vous souhaite la bienvenue. Particulièrement à toi, Fershid Ben Ezir, qui as fait un si… long voyage.

—Eh bien… c'est-à-dire… marmonne Fershid, quelque peu surpris.

—Autant te l'apprendre tout de suite, j'ai personnellement observé la rentrée dans l'atmosphère de ton module. Ce fut une surprise, crois-moi. Car nos astronomes pensaient *ClimSat* abandonné depuis des siècles, ou ne renfermant plus que des cadavres.

Gregor Marchetti sourit, croise les mains sous son menton. Fershid secoue la tête, sourcils froncés, chassant de son esprit l'image de Milena transformée en momie.

—Des cadavres ? C'est exact. Je suis le seul à avoir survécu, après un sommeil de plus de trois siècles. Mais alors, dis-moi, notre récupération par *Le Dauphin-Blanc* n'est pas le fruit d'un heureux hasard ?

—Non. Nous ignorions où tu avais amerri exactement, mais le Sénat a envoyé pas moins de six bâtiments à ta recherche. Tu es précieux, homme du ciel ! Tu es la mémoire du passé…

Fershid sourit à son tour.

—Mais comment saviez-vous… Est-il possible que vous possédiez des moyens techniques d'autrefois ? J'avais l'impression que l'humanité sortait à peine du chaos.

—Tu ne te trompes pas, Fershid. Je dirais même que nous sommes toujours en plein chaos. En une centaine d'années (disons pendant les sept dernières décennies du XXIe siècle et le premier quart du XXIIe), la Terre a perdu plus de la moitié de sa population, pas loin de cinq milliards de personnes. Toutes, loin s'en faut, n'ont pas été victimes des cataclysmes météorologiques. La famine, les guerres, les épidémies ont fait le reste. Ce qui veut dire qu'aucune des nations telles que tu les as connues n'a résisté. Mais, peu à peu, de nouvelles unités territoriales se sont reconstituées. Toutes basées sur le respect de l'environnement, le respect de l'autre, et un système politique qui s'apparente à la démocratie grecque antique.

» La Fédération d'Europe du Nord est l'une de ces unités. On l'appelle aussi l'Arc, car elle couvre un arc de cercle qui va du nord de l'Allemagne à l'est de la Finlande. Mais il en existe une dizaine d'autres sur le continent américain, en Océanie, au sud de l'Afrique.

» Nous possédons encore, même si c'est sous un contrôle strict, la maîtrise parcellaire, et d'ailleurs jamais perdue, de ces moyens techniques… d'autrefois, comme tu dis. Tu auras l'occasion de te familiariser avec l'histoire des trois siècles écoulés. Ce que je peux simplement te dire aujourd'hui, c'est que la civilisation telle que tu l'as quittée n'est plus, à jamais probablement. Nous sommes beaucoup à penser que ce n'est pas un mal, puisqu'elle nous a conduits là où nous sommes. En tout cas, l'ère de la débauche d'énergie est terminée. Les puits de pétrole, les mines de charbon et d'uranium sont, en très grande majorité, sous l'eau. Nous utilisons essentiellement les énergies non polluantes et renouvelables du soleil, des marées, du vent. Ce qui ne veut pas dire que nous ne trichons pas un peu.

— Que veux-tu dire ? interroge Fershid.

— Venez voir !

Le régulateur a fait un geste, Fershid et Driss se lèvent pour passer de l'autre côté de son bureau, où l'écran de l'ordinateur montre des paysans en train de faucher à la main… mais oui, c'est bien un champ de blé, dont les ondulations rousses semblent s'étendre à l'infini.

—Devinez-vous d'où ces images sont transmises ? De la région d'Iakutsk, en Sibérie orientale. Cela prouve que les changements climatiques et l'élévation de la température, s'ils ont dévasté bien des régions, ont été à terme favorables à d'autres. Ce qui ne signifie pas stabilisation, car de nombreux courants marins, en particulier le Gulf Stream, ont été modifiés, et l'Europe va à nouveau se refroidir... dans un siècle ou deux. Et puis elle se réchauffera. Dans mille ou deux mille ans.

» Pour en revenir à cette vue, elle nous est transmise par *OrSat,* le satellite de la Fédération orientale. Nous en avons trois, en réalité, qui permettent aux différentes entités territoriales de communiquer et de lire à livre ouvert l'état du monde. C'est un de ces satellites qui nous a retransmis les images de ton entrée dans l'atmosphère... Eh oui ! au milieu du « chaos », nous utilisons un peu de technologie ancienne... et polluante, mais réduite au strict nécessaire.

—Je vois, murmure Fershid. Du mal peut naître un bien, même si l'accouchement est difficile.

—La note est salée pour l'humanité : près de cinq milliards de morts, soupire Gregor Marchetti. Mais pourquoi nos ancêtres n'ont-ils pas réagi pendant qu'il était encore temps ?

Tes ancêtres, régulateur, ce sont les gens de mon époque, des gens comme moi, pense avec amertume Fershid. Il chasse ces pensées d'un mouvement de tête : le passé est le passé.

—Et moi qui ai une formation spatiale, pourrai-je trouver ma place dans ce nouveau monde ?

—De la place et du travail, il n'en manque pas, ici ou ailleurs, approuve le régulateur en souriant. Tu es originaire du Moyen-Orient, ta compagne d'Afrique, et mes lointains ancêtres sont français. L'un d'entre eux, d'ailleurs, a construit une arche quand le temps a commencé à se déglinguer. Ma fonction de régulateur va se terminer dans moins d'un an et je retournerai à ma formation première, l'aquaculture. Car le plus grand changement, c'est bien celui-ci : nous sommes devenus un monde de marins, qui tire l'essentiel de sa subsistance de la mer.

Fershid hoche la tête. Une chaleur envahissante est en train de naître dans sa poitrine. Il n'est plus l'homme tombé du ciel, un Robinson solitaire. Il a retrouvé sa place au sein de la société. Et la présence à ses côtés de la douce et solide Driss n'y est pas tout à fait pour rien. *Milena, tu es le passé. Driss, tu es le présent et l'avenir.* De manière spontanée, sa main se referme sur celle de sa compagne. Driss sourit, épanouie, ravie, et la lumière pâle de l'après-midi passant à travers la fenêtre fait étinceler ses dents.

Sur l'écran, la vue a changé, retransmettant un paysage de dunes couvertes par plaques d'herbe et d'arbustes, et surplombé d'épais nuages gorgés d'eau. Localisation : Sahara occidental. La caméra se focalise sur une petite fille qui pourrait être Driss, avec quinze ans de moins. Le tonnerre gronde, la pluie se met à tomber. La gamine renverse la tête, tourne ses mains vers le ciel pour accueillir les premières gouttes. Un grand rire mange son visage heureux.

POUR ALLER PLUS LOIN

SUR LE NET :

Quelques sites de défense de l'environnement :
- Les Amis de la Terre : www.amisdelaterre.org
- Fondation Nicolas Hulot : http://www.fnh.org/
- France nature environnement : www.fne.asso.fr
- Greenpeace : http://www.greenpeace.fr/
- WWF France : http://www.wwf.fr

Un excellent site sur l'effet de serre :
- http://www.manicore.com/

Un site très complet sur la qualité de l'air :
- http://www.docm.mmu.ac.uk/aric/eae/french/Air_Quality/air_quality. html

Un dossier du *Courrier de l'Unesco* (octobre 2001) sur les guerres de l'eau :
- http://www.unesco.org/courier/2001_10/fr/doss01.htm

Un dossier SF et écologie sur :
- nooSFere : http://www.noosfere.org/

À LIRE POUR S'INFORMER

(du plus facile à lire au plus compliqué) :
- *À nous la Terre ?* par Françoise de Guibert (Autrement Junior, 2002)
- *Protégeons notre planète,* par Jean-Benoît Durand (« Castor Doc », Flammarion, 2002)
- *La Biosphère,* par Jean-Paul Deléage (« Découvertes Gallimard », 2001)
- *L'Environnement,* par Jean-François Beaux (« Repères pratiques », Nathan, 2001)
- *Science et Vie* N° 1020, septembre 2002 : dossier « La planète est-elle vraiment malade ? »

- Hors série *Science et Vie*, juin 2000 : Menaces sur l'eau.
- *L'Effet de serre,* par Hervé Le Treut et Jean-Marc Janconvici (« Dominos », Flammarion, 2001)
- *La Terre en héritage,* par Jean-Marie Pelt (Fayard, 2000, réédité en Livre de Poche)
- *Combien de catastrophes avant d'agir ?* par Nicolas Hulot et le Comité de veille écologique (Seuil, 2002)

À LIRE POUR SE DISTRAIRE dans la collection « Autres Mondes » (voir résumés en fin d'ouvrage ou sur le site www.noosfere.net/autres-mondes) :
- *Les Rebelles de Gandahar,* par Jean-Pierre Andrevon
- *Les Cendres de Ligna,* par Jean-Pierre Hubert
- *Le Souffle de Mars,* par Christophe Lambert
- *Les Abîmes d'Autremer,* par Danielle Martinigol
- *Le Dernier des zitis,* de Christian Grenier, dans le recueil *Allers simples pour le futur*

À VOIR :
- L'exposition *Gérer la planète* à la Cité des sciences et de l'industrie (parc de la Villette, Paris 19e), fin 2003. Pour les dates, voir le site : http://www.cite-sciences.fr

Table des matières

L'anthologiste : DENIS GUIOT

Denis Guiot est né en 1948 à Toulon. Après des études d'ingénieur aux Arts et Métiers, il choisit l'enseignement... et la science-fiction.

*Depuis 1974, il a travaillé comme critique littéraire à L'*Étudiant*, à* Télérama *et dans pratiquement toutes les revues spécialisées de science-fiction (*Fiction, Mouvance, Futurs*, etc.). Actuellement, il collabore à* Galaxies*, au site* nooSFere *(www.noosfere.com) et à* Phosphore*, magazine pour lycéens dont il s'enorgueillit de tenir la rubrique SF depuis le numéro 1 daté de février 1981 !*

*Denis Guiot est aussi anthologiste (*Pardonnez-nous vos enfances*, Denoël, 1978,* Utopiae*, L'Atalante, 2000), membre du grand prix de l'Imaginaire depuis 1976, conférencier-formateur, collaborateur à* L'Encyclopœdia Universalis *et essayiste (*Le Monde de la science-fiction*, M.A. éditions, 1987). Son* Dictionnaire de la Science-Fiction *(en collaboration avec Alain Laurie et Stéphane Nicot – Le Livre de Poche Jeunesse, 1998), rédigé à l'intention des jeunes et des prescripteurs, a été qualifié par Jacques Baudou du* Monde *de « belle machine à donner envie de lire de la SF ».*

Ardent promoteur et spécialiste incontesté de la SF pour la jeunesse, il a sélectionné les premiers titres de science-fiction de la collection « Pleine Lune », Nathan (dont Les Mange-Forêts*, de Kim Aldany), puis lancé en 1996 la collection « Vertige Science-Fiction » chez Hachette Jeunesse qu'il dirigera pendant quatre ans, avant de rejoindre en janvier 2000 les éditions Mango pour créer la collection « Autres Mondes ».*

Après Graines de futurs *et* Les Visages de l'humain, Demain la Terre *est la troisième anthologie qu'il compose pour « Autres Mondes ».*

Denis Guiot vit en région parisienne et enseigne au lycée Dorian (Paris 11e).

L'illustrateur : PHILIPPE MUNCH

Né à Colmar en 1959, Philippe Munch vit actuellement à Strasbourg. Il a toujours été passionné par le dessin et la lecture, ce qui l'a naturellement amené à la bande dessinée (premières réalisations en 1966 !). Après des débuts professionnels dans la BD, il se tourne vers l'illustration en 1984. Les plus grands éditeurs l'accueilleront : Gallimard, Casterman, Nathan, Hachette Jeunesse, Albin Michel...

C'est dans le domaine de l'illustration qu'il peut renouer avec la SF et la fantasy, *ses domaines de prédilection. C'est ainsi qu'il a illustré* Le Seigneur des anneaux *de Tolkien (Gallimard),* Les Aventures de Kerri et Mégane *de Kim Aldany (Nathan), la trilogie de* La Louve et l'Enfant *d'Henri Loevenbruck (Bragelonne) et, surtout,* Rougemuraille, *de Brian Jacques (Mango), dont les somptueuses couvertures ont largement contribué au succès de la série.*

Avec Manchu, il est l'illustrateur attitré de la collection « Autres Mondes ». Ses récentes couvertures de l'anthologie Les Visages de l'humain *(d'après Léonard de Vinci) et de* Sa Majesté des clones, *de Jean-Pierre Hubert ont été très remarquées.*

« Mais si l'espace me fascine, *précise Philippe Munch,* je n'en reste pas moins passionné par une planète particulière, la Terre que j'essaie de découvrir au fil de nombreux voyages faits avec ma compagne et mon fils. »

Et de conclure : « Je suis également très bon au babyfoot. Surtout à l'arrière. »

AUTRES MONDES

Collection dirigée par Denis Guiot
Pour tout lecteur, dès onze ans

Une exploration passionnante de
l'imaginaire de science-fiction :
réalités virtuelles et truquées, planètes lointaines,
rencontres avec des extraterrestres,
mondes parallèles de la *fantasy*,
voyages dans le temps, sociétés futures, *Homo futuris*…

Une invitation à l'aventure, au rêve et à la réflexion
pour les jeunes du troisième millénaire.

« Un des partis pris de cette nouvelle collection de Mango intitulée Autres Mondes *et dirigée par Denis Guiot, parfait connaisseur de la science-fiction jeunesse, est de stimuler autant l'imagination que la réflexion. »*
Frédérique Roussel, Libération.

TITRES DÉJÀ PARUS

1. GRAINES DE FUTURS

Anthologie dirigée par Denis Guiot, préface d'Albert Jacquard

Clones acteurs de cinéma, éoliennes flottant dans la haute atmosphère, logiciels sentimentaux, maisons tueuses, bananes qui vaccinent, nanorobots fantômes, retour de l'homme sur la Lune…
À l'aube du IIIe millénaire, l'éventail des futurs possibles engendrés par l'accélération de la connaissance scientifique donne le vertige et a inspiré les sept nouvelles inédites réunies dans cette anthologie.
Sept graines de futurs plantées par les meilleurs écrivains de science-fiction pour la jeunesse : Ange, Robert Belfiore, Christian Grenier, Alain Grousset, Jean-Pierre Hubert, Christophe Lambert, Danielle Martinigol et Joëlle Wintrebert.

« Composée d'abord pour la jeunesse, brillamment préfacée par Albert Jacquard, cette anthologie fait partie des livres à la lecture desquels on se sent devenir plus intelligent. »

François Rahier, *Sud-Ouest Dimanche*

2. LES CENDRES DE LIGNA

par Jean-Pierre Hubert

Dans la profondeur des forêts de la planète Ligna se cache un arbre aux pouvoirs mystérieux qui excite bien des convoitises : le ginnka. Jusqu'à présent, Maître Harvinn et ses apprentis Jona et Rick ont exploité ses richesses tout en respectant la planète et ses habitants, les Cendreux, des êtres étranges mi-humanoïdes, mi-végétaux, pour qui le ginnka est un arbre sacré. Mais d'autres colons, plus soucieux de rentabilité, décident d'utiliser une monstrueuse machine robotisée, le mégabull. Le ginnka se transforme alors en un redoutable adversaire.

« Les Cendres de Ligna *est un planète opéra développant une thématique écologique de façon très intelligente et avec une grâce d'écriture peu commune, qui bénéficie de surcroît d'une superbe couverture de Manchu.* »

Jacques Baudou, *Le Monde*

3. L'ŒIL DES DIEUX

par Ange

(PRIX ADOS RENNES/ILLE-ET-VILAINE 2001-2002, PRIX J'AI LU, J'ELIS 2001 des Ados de la Ville d'Angers, PRIX PLAISIRS DE LIRE 2002 [Catégorie 6e-5e] du département de l'Yonne, PRIX DU CLUB DES LECTEURS ARDEP/Ile-de-France 2001-2002)

Ils ont entre neuf et quatorze ans et sont divisés en bandes rivales : les Loups, les Ours et les Crazes. Ils sont vingt-neuf exactement qui vivent depuis toujours dans la Bulle, un lieu étrange et hermétiquement clos qui leur dispense nourriture et énergie.
Depuis que les robots qui s'occupaient d'eux se sont immobilisés à jamais, ils passent leur temps à se faire la guerre, sous la conduite de Mina pour les uns et de Jeff pour les autres. Mais un jour, les distributeurs de nourriture s'arrêtent de fonctionner et la Bulle protectrice se métamorphose en un piège mortel.

« L'Œil des dieux *est une robinsonnade en forme de réflexion sur les mythes et la naissance des religions, qui dose adroitement suspense et drame.* »

Stéphane Manfredo, *La Revue des livres pour enfants*

4. LE SOUFFLE DE MARS

par Christophe Lambert

Mars, année 2121. La colonisation a commencé. Le jeune Keith David fait partie d'une petite équipe qui effectue des relevés scientifiques du côté de Chasma Borealis, la plus grande vallée glaciaire du pôle Nord. Mais la navette qui doit venir les reprendre s'écrase à l'atterrissage. De plus, *Bradbury Town*, la base principale, ne répond plus. Après un périple épuisant à travers les déserts de la planète rouge, Keith et ses amis rejoignent la base, où l'horreur les attend…
Un suspense martien implacable, par l'auteur de *Titanic 2012*.

« Non seulement l'auteur a construit un récit qui tient en haleine, mais il y a greffé mille références aux grands maîtres de la science-fiction. »

Françoise Harrois-Monin, *Ciel et Espace*

5. LES ABÎMES D'AUTREMER
par Danielle Martinigol
(GRAND PRIX DE L'IMAGINAIRE 2002,
PRIX E. LECLERC DU ROMAN JEUNESSE 2002
du Salon Jeunesse de Rueil-Malmaison)

Sandiane a 16 ans. Elle est l'assistante de son père, grand reporter. Tous deux traquent le scoop à travers tout le cosmos. Ils décident d'aller sur la farouche planète-océan Autremer afin de percer le secret des Abîmes, ces astronefs mythiques qui en seraient originaires. Mais là, Sandiane et son père se retrouvent en butte à l'hostilité des habitants, et tout particulièrement à celle du jeune Mel et de son oncle, guides-pilotes de safaris sous-marins. Quel redoutable secret dissimulent les eaux de la planète Autremer ? Lorsque Sandiane découvrira l'incroyable vérité, osera-t-elle la diffuser dans toute la galaxie, au risque de détruire la civilisation autremerienne ? Après *Les Oubliés de Vulcain*, un nouveau grand roman écologique et romantique de Danielle Martinigol.

« Dans Les Abîmes d'Autremer, *[Danielle Martinigol] ébauche une réflexion qui n'est pas manichéenne sur le pouvoir médiatique, ses vertiges et ses excès ; mais surtout elle imagine une très belle relation symbiotique entre les humains et une espèce extraterrestre habitant la planète-océan Autremer, espèce capable de sillonner des mers de nature très différente… Et elle enrobe le tout en relatant l'itinéraire d'une jeune fille de seize ans un peu trop sûre d'elle qui, en tentant de percer un secret, va tout bonnement changer sa vie. »*

Jacques Baudou, *Le Monde*

6. SQUATTEUR DE RÊVE !
par Dany Jeury

Victime d'un grave accident de skate, Thibaut est depuis une semaine dans le coma. Bardé de tuyaux de toutes sortes et de fils électriques reliés à un ordinateur, allongé sur son lit d'hôpital, il rêve… de ses potes et de Plotte, son amie de cœur. Bien malgré lui, Paulin, un jeune punk aux cheveux rouges qui travaille dans la clinique, est projeté dans l'univers intérieur de Thibaut et se retrouve en train de squatter le rêve du skateur ! D'insolite au départ, la situation se transforme en un dramatique chassé-croisé entre rêve et réalité. Car la mort rôde dans le coma de Thibaut.

« […] Pour ceux qui aiment rêver et squatter les rêves des autres, ce premier roman à l'écriture simple et d'une grande fraîcheur sera un vrai bonheur. »

Martine Lavogez, *www.noosfere.org*

7. LES VISAGES DE L'HUMAIN

Anthologie dirigée par Denis Guiot,
préface d'Axel Kahn
(PRIX BOB MORANE 2002 DE LA NOUVELLE à *Journal d'un clone* de Gudule)

Manipulations génétiques, conditionnement neurobiologique, clonage et cyborgs redessinent de manière accélérée les frontières de l'humain. Que sera l'homme de demain ? À sa sortie de la « grande fabrique du vivant », appartiendra-t-il toujours à l'espèce *Homo sapiens* ? Conservera-t-il toujours son libre arbitre ? Pour répondre à ces questions de plus en plus pressantes, *Les Visages de l'humain* réunit au sommaire Jean-Pierre Andrevon, Fabrice Colin, Christian Grenier, Gudule, Jean-Pierre Hubert et Éric Simard. Six nouvelles décapantes pour faire le tour de l'*Homo futuris* !

« Soyons francs : qui aurait soupçonné qu'une anthologie estampillée « jeunesse » puisse un jour faire date, même de façon relative, dans l'histoire du genre en France ? […] Il y a du miracle là-dedans. On s'en rend compte d'ailleurs tout de suite : même la couverture est splendide, c'est dire ! »

Bruno della Chiesa, *Galaxies*

8. LES CHIMÈRES DE LA MORT

par Éric Simard

Fin du XXIe siècle. Les colons luniens se sont révoltés contre la domination de la Confédération terrienne. Emmenées sur la face cachée de la Lune par le lieutenant Sorg Lancray, les Chimères de la Mort (des créatures animales mi-gorille, mi-tigre) prennent part au conflit. De retour dans la demeure familiale, un fort au large de Saint-Malo, Sorg découvre que son frère, généticien pour la Confédération et qu'il n'avait plus vu depuis des années, lui a légué à sa mort le fruit de ses recherches interdites, Onyx, une chimère d'un nouveau genre, mi-humaine, mi-féline. Dans quel but ?
Biologiste de formation, Éric Simard aborde le sulfureux problème du croisement entre espèces.

« Éric Simard aborde ici le problème de la manipulation génétique, sans oublier de bâtir une histoire solide avec des personnages attachants et le suspense nécessaire pour que le lecteur ait envie d'avoir le fin mot de l'histoire. »

A.L. Dometoff, *Lanfeust Mag*

9. LES ENFANTS DE LA LUNE

par Fabrice Colin

(18e Grand Prix des Jeunes Lecteurs organisé par la PEEP)

Décembre 1942. Paris occupé gémit sous la botte nazie. Deux jours avant Noël, le jeune Adrien reçoit un étrange appel au secours, destiné en fait à son grand-père… mort il y a plus de dix ans ! « Aux temps maudits de l'Exode, vous avez aidé notre peuple. Une fois encore, et sur les recommandations de notre reine, nous faisons appel à vous. » Signé : Leydamoon du peuple Annwyn. Adrien se lance alors dans une dramatique course contre la montre pour sauver les derniers Annwyns pourchassés par les Siths, d'abominables créatures de la nuit qui se sont associées aux nazis. Hélas, tous les passages permettant à Leydamoon et à son peuple de quitter notre univers se sont refermés. Tous… sauf un.
Une *fantasy* urbaine aux accents poétiques, ancrée dans une époque douloureuse de l'histoire contemporaine.

« Fabrice Colin est un enchanteur, ses romans et ses nouvelles provoquent un sentiment jubilatoire d'émerveillement… Faudrait-il en faire la démonstration que Les Enfants de la Lune*, sa première incursion dans la littérature jeunesse, serait tout indiqué. »*

Jacques Baudou, *Le Monde*

10. CLONE CONNEXION

par Christophe Lambert

L'Internet est mort, vive l'Intersphère ! Enveloppant la Terre, ce champ de forces invisible contient des milliards de données. Mais pour y accéder, il faut passer par des êtres humains appelés « connecteurs », capables de surfer sur cet océan d'informations grâce à leurs facultés psychiques.
C'est parce qu'il possède de tels pouvoirs que le jeune Frédéric Lorca est engagé par la Com. Amalgam, l'entreprise à l'origine de ce Web du futur. Peu après, Frédéric apprend qu'une terrible menace se cache dans l'Intersphère. Il décide de mener l'enquête. Finira-t-il par découvrir l'effrayante vérité ? Et lui-même, qui est-il réellement ?

« Prenant, mais pas seulement. Ce roman musclé pose, mine de rien, toutes sortes de questions sur notre société et notre envie de vouloir ressembler aux autres. »

Pierrette Rieublandou, *Okapi*

11. LES REBELLES DE GANDAHAR

par Jean-Pierre Andrevon

Venant de la Terre mythique, la belle Athna a débarqué sur Tridan. Depuis, plus rien n'est comme avant dans le paisible royaume de Gandahar. En effet, l'Envoyée de la Terre a décidé, avec l'aide de ses inquiétants animators, de faire connaître aux habitants du royaume les « délices » de l'ère industrielle. Même le chevalier Sylvin semble envoûté ! Heureusement, la douce Airelle à la peau bleue se rebelle.
Jean-Pierre Andrevon revient à son univers de prédilection, le monde fascinant de Gandahar, porté en 1987 à l'écran par René Laloux, sur des dessins de Caza

« Les Rebelles de Gandahar *est l'un des plus beaux romans pour enfants que j'aie eu l'occasion de lire. Un des plus beaux tout court. […] Sur une histoire simple et agréable à lire, l'auteur fait un bouleversant plaidoyer pour la vie et la nature.* »

Lucie Chenu, *Science-Fiction Magazine*

12. SA MAJESTE DES CLONES

par Jean-Pierre Hubert

Poursuivie par les redoutables Arachnos, une navette de sauvetage ayant à son bord une vingtaine d'enfants terriens s'écrase sur une planète sauvage, en bordure d'un lagon. Rapidement, ces vacances forcées tournent au cauchemar : la planète recèle mille dangers, les enfants découvrent une mystérieuse épave arachnos capable de fabriquer du vivant et, surtout, des rivalités apparaissent qui vont faire craquer le vernis de civilisation.
Un hommage audacieux au fameux roman de William Golding, *Sa Majesté des mouches*.

« Mêlant aventure, science-fiction et réflexion éthique, dans un environnement cruel et violent, aussi bien intérieur qu'extérieur, Jean-Pierre Hubert captive par la simplicité de sa narration et par l'inéluctabilité de son histoire. »

A.L. Dometoff, *Lanfeust Mag*

13. PROJET OXATAN
par Fabrice Colin

Phyllis, Jester, Diana et Arthur, quatre adolescents orphelins, vivent depuis toujours au fond d'un cratère martien terraformé tapissé d'une jungle luxuriante où se cacheraient des ogres. Sous la garde de MG, leur gouvernante un peu folle, ils sont reclus dans une grande maison qu'ils ont baptisée le « Bunker », entourée d'un marécage infesté d'alligators. Qui sont ces enfants ? D'où viennent-ils ?
En quoi consiste le projet oXatan ?
Un oppressant conte de fées du futur, mêlant manipulations génétiques et peurs ancestrales.

« Le style choisi par Fabrice Colin donne au récit toute sa force car il livre les informations petit à petit ; les sentiments, les craintes sont ressentis en même temps par les enfants et par le lecteur. À partir du roman se pose une réflexion sur les manipulations génétiques et sur la folie des hommes [...] À lire absolument. »

Roselyne Malavieille, *www.livrjeun.tm.fr*

14. SOUVIENS-TOI D'ALAMO !
par Christophe Lambert

Aspirée par une tempête magnétique, une patrouille de bombardiers de la Seconde Guerre mondiale commandée par le capitaine Franck Taylor atterrit le 18 février 1836 à Alamo, peu de temps avant le siège du fort par les troupes mexicaines du général Santa Anna. Taylor et ses coéquipiers vont-ils aider Davy Crockett et les assiégés, et prendre le risque de changer le cours de l'Histoire ?
Un surprenant western SF !

« Christophe Lambert (rien à voir avec le comédien), en passe de devenir un maître de la SF jeunesse, signe là un roman d'aventures historiques palpitant et très documenté. »

Any-Claude Preszburger, *Epok*

15. KAENA, LA PROPHÉTIE

par Pierre Bordage

Axis, le monde-arbre, est en danger de mort car sa sève s'épuise. En vain, les dieux sont implorés. Kaena, une jeune fille déterminée, va braver les tabous de sa tribu et se lancer dans un périlleux voyage, jusqu'aux racines d'Axis.
Kaena, la prophétie est le premier film français entièrement tourné en « réalité virtuelle » (sortie mondiale : mai 2003). Sa novélisation est assurée par Pierre Bordage, le plus grand écrivain français actuel de science-fiction
Un événement dans la collection « Autres Mondes » !

16. ALLERS SIMPLES POUR LE FUTUR

par Christian Grenier

En six nouvelles passionnantes, le monde de demain vu par Christian Grenier : réalité virtuelle, conquête de l'espace, environnement, manipulations génétiques. Préface thématique, commentaires de l'auteur après chaque nouvelle et bio-bliographie complètent ce recueil, conçu comme un coup de chapeau à « Monsieur science-fiction jeunesse ».

17. DEMAIN LA TERRE

Anthologie dirigée par Denis Guiot
Préface de Joël de Rosnay

Demain la Terre. Mais quelle Terre ?
Car la Terre ne va pas bien. Par égoïsme, inconscience, obsession du profit, l'homme a saccagé sa planète. Effet de serre, bouleversements climatiques, pollutions de l'eau, de la terre, de l'air et du vivant : la crise écologique est aiguë.
Au sommaire de cette anthologie : Jean-Pierre Andrevon (qui signe deux nouvelles), Jean-Pierre Hubert, Christophe Lambert (dont la nouvelle sert de support au 2e grand prix des lecteurs Autres Mondes du 1er au 30 avril 2003) et Danielle Martinigol.
Cinq nouvelles percutantes pour réveiller les consciences !

À PARAÎTRE
EN MARS 2003

18. L'ORACLE D'ÉGYPTE
par Éric Simard

Les généticiens de la société *Chimerics* ont réussi à créer des chimères à l'image des dieux égyptiens : Khonsou, une créature au corps humain et à la tête de faucon, Sekhmet, la redoutable déesse à tête de lionne, et Amon-Rê, le dieu solaire à tête de bélier. Mais dès qu'elles arrivent au *Sanctuaire des dieux* (un complexe touristico-culturel érigé sur les lieux de l'ancienne Thèbes), elles se comportent bizarrement. Ne sont-elles pas en train d'être possédées par les véritables dieux égyptiens ?
Un roman plein de suspense qui mêle génétique et histoire de l'Ancienne Égypte !

19. MISSION BRUME
par Christian Léourier

Fergus, un héros de l'Union, est porté disparu sur Brume, une étrange et sauvage planète, recouverte d'un inquiétant marais noyé dans le brouillard. À la tête d'un commando, sa fille, fraîche émoulue de l'École des cadets de la garde, part à sa recherche. Mais les membres de l'expédition disparaissent les uns après les autres.
Pour son grand retour à la science-fiction, Christian Léourier signe un fascinant roman d'aventures doublé d'une réflexion politique, très actuelle.

À PARAÎTRE
EN AVRIL 2003

20. CYBERPAN
par Fabrice Colin

Peter est un jeune garçon autiste, soigné dans un centre pour enfants inadaptés. Il a pour habitude de se connecter au *RealWeb*, une sorte

d'Internet branché sur l'inconscient collectif de l'humanité. Un jour Peter est contaminé par le virus Peter-Pan. Il va voler une combi antigrav, s'échapper du centre avec Wendy, la fille du directeur, et se rendre au Pays de Nulle Part, une île artificielle sur laquelle vit un savant fou, possédé, lui, par le virus Capitaine-Crochet. Une lutte impitoyable s'engage.
Entre SF et *fantasy*, une brillante et émouvante relecture du fameux roman de James Barrie.

Impression réalisée sur CAMERON par

BRODARD & TAUPIN

GROUPE CPI

La Flèche
en décembre 2002

N° d'impression : 16407
Dépôt légal : décembre 2002
Imprimé en France